50 RELATOS MITOLÓGICOS

GUÍA BREVE

50 RELATOS MITOLÓGICOS
MONSTRUOS, HÉROES Y DIOSES

Colaboradores
Viv Croot
Susan Deacy
Emma Griffiths
William Hansen
Geoffrey Miles
Barry B. Powell
Robert A. Segal

BLUME

Robert A. Segal

BLUME

Título original:
30-Second Mythology

Texto de glosarios:
Steve Luck

Texto de perfiles:
Viv Croot

Ilustraciones:
Ivan Hissey

Diseño:
Ginny Zeal

Traducción:
Maite Rodríguez Fischer
Cristina Rodríguez Fischer

Revisión de la edición en lengua española:
Pablo Romagosa Gironés
Antropólogo

Coordinación de la edición
en lengua española:
Cristina Rodríguez Fischer

Primera edición en lengua española 2012

© 2012 Art Blume, S. L.
Av. Mare de Déu de Lorda, 20
08034 Barcelona
Tel. 93 205 40 00 Fax 93 205 14 41
e-mail: info@blume.net
© 2012 Ivy Press Limited,
East Sussex, Reino Unido

ISBN: 978-84-9801-648-2

Impreso en China

www.blume.net

CONTENIDO

INTRODUCCIÓN
Robert A. Segal

No existe una definición unánime de «mito».

En cambio, las numerosas definiciones reflejan las distintas disciplinas que estudian los mitos. Puede resultar sorprendente, pero ni tan solo es necesario que un mito sea una historia. En el ámbito de las ciencias políticas, un mito puede ser una creencia o un credo, una ideología. Incluso cuando se supone que el mito es una historia, las distintas disciplinas discrepan sobre su contenido. Para los folcloristas, los mitos versan exclusivamente sobre la creación del mundo. Todas las demás historias se definen como leyendas o cuentos populares. Para otras disciplinas, los mitos pueden describir la creación de una nación o un movimiento, o no relatar creación alguna. En el campo de los estudios religiosos, los personajes principales de los mitos deben ser los dioses. Sin embargo, otras disciplinas incluyen no solo a los héroes que son humanos, sino también a los animales, quienes en ocasiones pueden ser los indiscutibles creadores del mundo.

Tres cuestiones fundamentales

Son muchas las disciplinas que estudian los mitos, como la antropología, la sociología, la psicología, la ciencia política, la literatura, la filosofía y los estudios religiosos, y cada una de ellas alberga múltiples teorías. Teorizar sobre un mito consiste en buscar la respuesta a tres cuestiones fundamentales, y responderlas para todos los mitos y no para uno solo o para los mitos de una única cultura.

Las cuestiones fundamentales son el origen, la función y el contenido. El «origen» se refiere al porqué y al cómo surgen los mitos en el lugar y el momento en que lo hacen, y no cuándo y dónde surgieron por primera vez. La «función» explica por qué y cómo es que los mitos persisten. La respuesta al «por qué» del origen y la función suele ser una necesidad, que el mito satisface, y persiste porque lo continúa haciendo. La necesidad varía de una teoría a otra.

El «contenido» se refiere al tema del mito, el «referente». Suele asumirse que los mitos deben entenderse en sentido literal. Con independencia de que

Perseo mata a la gorgona
En una de sus más conocidas y heroicas hazañas, Perseo viaja a tierras de las hermanas gorgonas para decapitar a Medusa. Estos relatos épicos han perdurado a través de los siglos y aún resuenan entre el público moderno.

Zeus fuera real o no, se supone que los mitos sobre Zeus son historias sobre un dios real que era el dios principal de la religión predominante en los tiempos de Homero y que utilizó su poder para imponer su voluntad. Sin embargo, los mitos también pueden interpretarse de manera simbólica, y el referente puede ser cualquier cosa. Zeus, por ejemplo, puede simbolizar el trueno y el relámpago, un rey, un padre humano, o incluso la faceta paterna de cualquier personalidad. No necesariamente debe ser considerado un dios, y mucho menos tan solo como el dios de una religión que desapareció hace mucho tiempo.

Cambios en las teorías

Las teorías no solo presentan los mitos, sino que los explican. Afirman conocer el origen de todos los mitos, la razón por la cual perduraron mientras lo hicieron, el motivo por el que algunos aún existen, y sobre qué versan realmente. Una distinción conveniente, que se aplica por igual a todas las disciplinas, es la que existe entre las teorías del siglo xix y las del xx.

Las primeras, representadas por las de E. B.Tylor y J. G.Frazer, solían considerar el mundo físico como argumento de los mitos, y la función de estos como la explicación literal o simbólica de ese mundo. Los mitos fueron calificados como la correspondiente analogía «primitiva» de las ciencias naturales, que se consideraron total o principalmente modernas. Gracias a la ciencia, los mitos resultaron redundantes o indiscutiblemente incompatibles, y el público moderno, que por definición era científico, tuvo que rechazar los mitos.

Por el contrario, las teorías del siglo xx, tipificadas por aquellas de Bronislaw Malinowski, Mircea Eliade, Rudolf Bultmann, Albert Camus, Sigmund Freud y C. G.Jung, consideraron los mitos como un equivalente anticuado de la ciencia, ya fuera en contenido o en función (los teóricos del siglo xix como Friedrich Nietzsche ya dejaban entrever este enfoque). El contenido ya no era el mundo físico, sino la sociedad, la mente humana o el lugar del hombre en el mundo físico. La función de los mitos ya no era la explicación, sino que incluía desde la unificación de la comunidad hasta el encuentro con dios, pasando por el encuentro con el inconsciente o la expresión de la condición humana. En resumen, incluso siguiendo los pasos de la ciencia, los mitos aún tenían un lugar.

Atractivo persistente

¿Los antiguos griegos y romanos creían literalmente en su mitología? Por sorprendente que parezca, la mayoría lo hacían. El público moderno puede no compartir esa creencia literal, pero lo cierto es que los mitos han perdurado y continúan siendo difundidos. Aunque nadie hoy en día considere que Zeus o Aquiles sean reales, los dioses y los héroes han florecido como símbolos, entre los cuales Dioniso es el mejor ejemplo.

Es más, ahora forman parte del pensamiento de la mayoría. Freud utilizó la figura de Edipo para dar nombre al impulso humano masculino más fundamental, y Jung adoptó el de Electra para su equivalente femenino.

Los mitos se encuentran en la mayoría de las religiones, si no en todas. Es más, no deben ceñirse a una religión en concreto. Las teorías del siglo xx a menudo desligaron el mito de la religión. Las teorías del mito son las de todos los mitos, y no tan solo las de una cultura o un ámbito específicos.

Los mitos clásicos son los más conocidos, de ahí que se hayan convertido en el objeto de este libro. Se emplean los nombres griegos de los dioses, y no los latinos, aunque estos también se mencionan si la versión latina o romana es muy conocida. Cada figura o episodio mitológico se presenta en primer lugar en un breve texto («el mito en 30 segundos»), que resume los detalles clave, junto con una «musa en 3 segundos», que ofrece un relato más conciso. «Odisea en 3 minutos» profundiza más en el mito, detallando por ejemplo el simbolismo que tiene o ampliando las explicaciones sobre su origen. Finalmente, «mitos relacionados» revela los equivalentes que se encuentran en otras culturas o civilizaciones.

Los siete capítulos se dividen en otras tantas categorías, **Creación**, **Dioses olímpicos**, **Monstruos**, **Geografía**, **Héroes**, **Figuras trágicas** y **Legado**, que refleja la manera en la cual la mitología domina todo el mundo clásico. No solo existen cientos de dioses, para muchos de los cuales existen múltiples mitos, sino también monstruos, lugares o sucesos míticos. La historia del cosmos comienza con la creación de los dioses, que intervienen continuamente, a menudo de forma trágica, en la vida de los humanos. Los centenares de héroes engarzan un mito con otro. Estos mitos han persistido hasta nuestros días, siendo uno de sus legados los diferentes complejos psicológicos que toman su nombre de estas figuras míticas.

Los mitos clásicos se encuentran hoy en día en infinidad de ámbitos, no solo en la literatura, sino también en las artes, el cine y, por supuesto, en la cultura popular. Las versiones modernas de los mitos de la Antigüedad se toman invariablemente ciertas libertades en relación a la historia original, pero lo que importa es que estos mitos, aunque actualizados, continúan siendo relatados.

CREACIÓN

cosmogonía Deriva de la palabra griega *kosmos* («orden») y se refiere a la descripción que con frecuencia se encuentra en los mitos sobre la creación del mundo.

Cuatro Primordiales (*Protogonos*)
En la cosmogonía griega, los Cuatro Primordiales se refieren a las cuatro primeras entidades conocidas. Según la *Teogonía* de Hesíodo, el primer ser fue Caos, una sima o abismo «vasto y oscuro». Después llegaron Gea/Gaia («madre tierra»), seguida del Tártaro («lugar profundo»), una prisión cósmica, y, por último, Eros (amor erótico), pero ninguno de ellos surgió de Caos. Además de tener entidad física, los Cuatro Primordiales también se consideran como la primera manifestación de los dioses.

dioses del Olimpo El término por lo general se refiere a los «doce del Olimpo» que se hicieron con el control del mundo después de derrocar a los titanes en la guerra que se conoce como la Titanomaquia. Los dioses principales del panteón griego habitaban el Olimpo, regidos por Zeus, dios del cielo. La lista de dioses varía según las fuentes, pero la más aceptada incluye a Zeus, Hera, Poseidón, Deméter, Apolo, Artemisa, Dioniso, Atenea, Ares, Hefesto, Hermes y Afrodita.

gigantes Los gigantes eran los enormes y a menudo monstruosos descendientes mortales masculinos de Gea/Gaia. Esta los alumbró, al ser fecundada por la sangre de Urano después que este fuera castrado por Cronos. Cuando los dioses del Olimpo tomaron prisioneros a los titanes, Gea/Gaia animó a los gigantes a declarar la guerra a Zeus y los demás dioses, esperando derrocarlos y restaurar la supremacía de los titanes. En la guerra que se desató entonces (la Gigantomaquia), Heracles fue destinado por los dioses a luchar contra los gigantes, y mató a muchos de ellos, hasta el punto de que fue responsable de la victoria definitiva de los dioses.

hoz adamantina Deriva del griego *adámastos*, que significa «inflexible» o «duro». La hoz que más comúnmente se menciona en la mitología clásica es la que forjó Gea/Gaia, que entregó a Cronos (Saturno), para castrar a su padre, Urano. Sin embargo, hay otras referencias a hoces, como la que empleó Perseo para matar a Medusa y aquella con la que Zeus derrotó a Tifón.

inframundo Término general utilizado para describir los lugares que existen más allá de la tierra. Las descripciones varían según la fuente, pero en general incluye al Tártaro, la prisión cósmica de los titanes y algunos seres humanos (en particular, aquellos como Tántalo y Sísifo, que ofendieron a los dioses); el Hades (o Érebo), destino de los mortales después de la muerte, y, según Virgilio, pero no los poetas griegos, los Campos Elíseos, donde descansan los héroes. El río más importante del más allá, que separa a los vivos de los muertos, era el Estigia aunque era otro río, el Aqueronte, el que debían cruzar las almas de los recién fallecidos con la ayuda del barquero Caronte.

melias Una hermandad de tres ninfas de los fresnos (del griego *melia*, «fresno»), las melias, al igual que los gigantes y las erinias («furias»), eran hijas de Gea/Gaia, que fue fecundada por la sangre de Urano. Según cuenta Hesíodo en su obra *Trabajos y días*, las melias dieron origen a la tercera raza de hombres conocida como raza de bronce, que el griego poeta describió como «terrible y fuerte».

oceánides Es el nombre colectivo con el que se conoce a las miles de ninfas marinas descendientes de los titanes Océano y Tetis. Su número ronda entre 3.000 y 4.000, se asociaban a los mares y océanos, y muchas de ellas tenían nombres propios. Aunque no eran inmortales, eran muy longevas y solían interceder en favor de los humanos. A menudo se las representaba jugueteando alrededor de las quillas y proas de los barcos.

Titanomaquia Es el nombre otorgado a la épica guerra de diez años entre los titanes y los dioses del Olimpo. Después de derrocar a su tiránico padre, Urano, Cronos temió que sus hijos le derrocaran a su vez. Entonces les devoró, pero gracias a un engaño dejó salir a Zeus, quien fue escondido y criado en Creta. Más tarde, Cronos fue obligado a regurgitar a sus otros hijos y, junto con Zeus, los gigantes y los cíclopes (de quienes Zeus recibió su característico rayo) se enfrentaron a los titanes, quienes finalmente fueron derrotados y arrojados al Tártaro.

CAOS

el mito en 30 segundos

Según el poeta griego Hesíodo, el primer hecho que ocurrió en el cosmos fue el nacimiento, o el «origen», de Caos. Después de este llegaron Gea/Gaia (tierra), Tártaro (prisión cósmica) y Eros (amor erótico). Estos seres constituían los Cuatro Primordiales, las primeras cuatro entidades. Todo lo que llegó al mundo a partir de ese momento se derivó en última instancia de uno o más de los Cuatro Primordiales. Caos no era sinónimo de desorden absoluto, como lo es ahora, sino que más bien se trataba de un «espacio limitado», como una sima. En la lógica del mito, Caos ofrecía un espacio para el desarrollo del mundo. Además tenía una naturaleza dual: no solo era una entidad física, sino también una personalidad, un ser vivo del que emergieron otras dos entidades cósmicas, la Oscuridad y la Noche, que a su vez dieron lugar a otros elementos del cosmos. Al igual que la Oscuridad y la Noche, los descendientes de Caos fueron en su mayoría elementos intangibles, como la Muerte, el Sueño y la Discordia.

MUSA EN 3 SEGUNDOS
La cosmogonía de Hesíodo comienza con Caos, pero no explica lo que le precedió ni qué lo originó.

ODISEA EN 3 MINUTOS
En el siglo I d. C., el poeta romano Ovidio presentó una cosmogonía mítica distinta, según la cual el mundo se componía en sus orígenes de materia informe, el Caos, en la cual reinaban la confusión y la discordia. Los opuestos lucharon entre sí: el calor contra el frío, la humedad contra la sequía, lo duro contra lo blando, lo pesado contra lo liviano. La naturaleza o algún dios liberaron estos elementos, que aportaron orden al universo. Según la versión de Ovidio, el Caos realmente se caracterizaba por un estado de «desorden absoluto».

MITOS RELACIONADOS
Muchos mitos cosmogónicos cuentan con un ser o sustancia inicial que contiene en sí mismo buena parte de los componentes que acabarían constituyendo el cosmos. Entre ellos se encuentran el de Tiamat (Mesopotamia) y el de Ginnungagap (Escandinavia).

MINIBIOGRAFÍAS
GEA/GAIA
Madre Tierra
Véase página 18

URANO
Dios del Cielo
Véase página 22

HADES
Dios del inframundo. También reino de los muertos
Véase página 82

EL TÁRTARO
El gran foso, una prisión cósmica para dioses y monstruos vencidos
Véase página 86

TEXTO EN 30 SEGUNDOS
William Hansen

El primer ser en cobrar forma, Caos, es una vasta y oscura sima o abismo.

EROS/CUPIDO

el mito en 30 segundos

Eros era el dios griego de la atracción

sexual. Su equivalente romano era Cupido. Según un relato, fue uno de los Cuatro Primordiales. Personifica el impulso creador de la naturaleza. Según otra versión, era el hijo de la relación ilícita entre Afrodita y Ares. En un mito alegórico, Afrodita, celosa de la hermosa princesa siciliana Psique, pidió a su hijo Eros que disparara una flecha contra ella para que se enamorara de un monstruo. Por error, Eros se hirió a sí mismo, lo que desencadenó un amor imposible por la joven. Eros raptó a Psique y la llevó por arte de magia a su casa, donde se amaban cada noche, pero permaneció invisible. Engañada por sus envidiosas hermanas, Psique encendió una lámpara y vio a Eros, quien se quemó con el aceite de la lámpara y huyó. Al intentar imitar el éxito de Psique, las hermanas saltaron desde una montaña, esperando que el Viento del Oeste (Céfiro) las llevara hasta la morada de Eros. En cambio, se estrellaron contra las rocas. Psique buscó por doquier a Eros y realizó unas tareas imposibles, impuestas por Afrodita. Al final, se reunió con su amado, quien se casó con ella y la convirtió en diosa. Tuvieron una hija, Hedoné («placer»). En *El asno de oro*, Apuleyo incluye la versión romana clásica de este mito.

MUSA EN 3 SEGUNDOS
Eros es la encarnación de la atracción sexual, dispara flechas que hieren tanto a hombres como a mujeres por igual, y que provocan el deseo de unos por los otros.

ODISEA EN 3 MINUTOS
En la tradición pictórica y escultórica, Eros se representa como un niño o un bebé desnudo y alado, armado con un arco y una aljaba de flechas. En las pinturas más antiguas aparece entre los adultos que sienten una atracción sexual entre ellos. Psique fue la deificación del alma humana, retratada en los mosaicos antiguos como una diosa con alas de mariposa (*psychê* es el término griego para «mariposa»).

MITOS RELACIONADOS
Los dioses de la fertilidad pueden ser tanto masculinos como femeninos, y a menudo se emparejan, como en el caso de Eros y Afrodita.

MINIBIOGRAFÍAS
ARES/MARTE
Dios de la guerra, padre de Eros
Véase página 40

AFRODITA/VENUS
Diosa del amor y de la belleza
Véase página 50

TEXTO EN 30 SEGUNDOS
Barry B. Powell

Eros es el dios del deseo sexual, y en ocasiones se le identifica como el fruto de la relación ilícita entre Afrodita y Ares.

GEA/GAIA

el mito en 30 segundos

MUSA EN 3 SEGUNDOS
Gea/Gaia era la «madre tierra» primordial, la más antigua de las diosas, y para muchos la que aún tiene más poder en la actualidad.

ODISEA EN 3 MINUTOS
A principios de la década de 1970, el científico James Lovelock postuló lo que denominó (a instancias del novelista William Golding) la «hipótesis Gaia», que refuerza el concepto de la Tierra como un único organismo viviente complejo y autorregulador, y del que forman parte los seres humanos. Aunque los científicos continúan debatiendo la teoría de Lovelock, Gea/Gaia sigue siendo una figura poderosa entre los movimientos ecologistas y paganos.

«Tierra de amplio pecho, asentamiento seguro» (según las palabras de Hesíodo, poeta de la antigua Grecia), Gea/Gaia surgió en los inicios de la creación, después de Caos. Se transformó de una entidad viva en una personalidad indiscutible, y siendo virgen alumbró a Urano, el «padre cielo», con quien procreó una poderosa prole, encabezada por los titanes. En las luchas generacionales, asombrosamente edípicas, de la mitología de la antigua Grecia, el papel de Gea/Gaia es ambiguo. Cuando Urano, temiendo a sus hijos, los enterró en el vientre de Gea/Gaia, esta dio a Cronos la hoz adamantina para castrarlo; cuando Cronos a su vez comenzó a devorar a sus hijos, Gea/Gaia liberó al más joven de los suyos, Zeus, para utilizarlo como arma contra él. Pero cuando Zeus tomó prisionero a su padre, Gea/Gaia dio a luz al aterrador monstruo serpentino Tifón para que atacara a su hijo, si bien hizo las paces con este y le avisó de cómo contrarrestar la amenaza que suponía su hija Atenea. La combinación en Gea/Gaia de lo nutriente y lo destructivo refleja la preocupación masculina griega por el poder femenino y maternal. En lo más fundamental, Gea/Gaia es la tierra misma, que es a la vez una madre caritativa pero inflexible, vientre y tumba para todas las generaciones de vida terrenal.

MITOS RELACIONADOS
Casi todas las mitologías personifican a la tierra como una diosa maternal. Los egipcios son una excepción, con una tierra masculina (Geb) y un cielo femenino (Nut).

MINIBIOGRAFÍAS
CAOS
Entidad cósmica primordial con la que comenzó la creación
Véase página 14

URANO
El «padre cielo», hijo y consorte de Gea/Gaia
Véase página 22

LOS TITANES
Hijos de Gea/Gaia y Urano, primera familia de dioses
Véase página 24

ZEUS/JÚPITER
Rey del Olimpo, dios del cielo
Véase página 32

TEXTO EN 30 SEGUNDOS
Geoffrey Miles

Gea/Gaia es la diosa tierra primordial y abuela de Zeus.

h. 750/700 a. C.
Nacimiento

h. 700/650 a. C.
Compone la *Teogonía*

h. 700/650 a. C.
Compone *Trabajos y días*

h. 700/650 a. C.
Compone *Catálogo de mujeres*

1493
Primera edición impresa de *Trabajos y días*

1495
Sus obras completas se publican en Venecia

1914
Hugh G. Evelyn-White traduce al inglés *Trabajos y días* y la *Teogonía*

1997
A. Pérez Jiménez y A. Martínez Díez traducen al castellano la *Teogonía* y *Trabajos y días*, con revisión de L. A. de Cuenca

HESÍODO

Junto con Homero, Hesíodo es uno de los padres de la poesía griega. Aunque se le atribuyen numerosas obras, dos de ellas se consideran auténticamente suyas: *Trabajos y días* y la *Teogonía*. El que una única persona compusiera estas dos obras continúa siendo objeto de debate, al igual que la autoría única de la *Ilíada* y la *Odisea*. Se sabe muy poco sobre Hesíodo, salvo lo que puede deducirse de su propia obra. Sabemos que se lamentaba de la dureza e injusticias de la vida. Los hombres estaban a merced de los dioses, del mundo físico y de sí mismos.

Hesíodo había heredado de su padre una pequeña porción de tierra a los pies del Helicón, el monte donde habitaban las musas. Sus ovejas pastaban en las laderas más bajas y bebían de una de sus fuentes sagradas, el manantial de Hipocrene.

La *Teogonía* es la principal fuente de la cosmogonía griega, y abarca la creación, la evolución y la descendencia de los dioses y la eventual hegemonía de Zeus. *Trabajos y*

con quien había discutido por el reparto de las posesiones de su padre. Donde Hesíodo era prudente, Perses era despilfarrador y llegó a pedir un préstamo a su hermano. En respuesta, Hesíodo compuso *Trabajos y días*, obra en la que se lamenta de la injusticia de la sociedad y la dureza de la vida (demasiadas bocas para alimentar); pero donde también defiende la dignidad del trabajo. *Trabajos y días* también describe técnicas agrícolas, así como los mitos clave de Prometeo, Pandora y las Edades, unos mitos alternativos sobre la pérdida del equivalente al Paraíso.

En contraste con Homero, quien se dirige a los reyes más que a las personas humildes, Hesíodo se dirige a sus compañeros agricultores y otros plebeyos. Homero y Hesíodo, que escribieron con independencia el uno del otro, coinciden en gran medida sobre los ingredientes del Panteón, aunque difieren en el énfasis y los detalles. Juntos, Homero y Hesíodo, constituyen el equivalente a la Biblia griega: Hesíodo proporciona los mitos de la creación

URANO

el mito en 30 segundos

Según Hesíodo, Urano fue el hijo, y más tarde el marido, de Gea/Gaia. Odiaba a sus descendientes, los empujó hacia el interior de Gea/Gaia y no les dejó salir. Gea/Gaia conspiró con su hijo Cronos, uno de los titanes, para derrocar a Urano, y a tal fin le dio una hoz adamantina (probablemente de acero). Cronos esperó escondido en un recoveco de Gea/Gaia y, cuando Urano se acercó a ella, deseándola, Cronos cortó los genitales de su padre, que cayeron al mar. La sangre de la herida cayó sobre la tierra, de la que surgieron los gigantes («los nacidos de la tierra»), las erinias (las «furias») y las melias (las ninfas de los fresnos). De la espuma que se acumuló alrededor de los genitales que cayeron al mar surgió Afrodita (de una falsa etimología, «nacida de la espuma»). La historia atribuye la creación a la separación o diferenciación de dioses o elementos, un proceso mitológico común. Urano y Gea/Gaia estaban, de hecho, fundidos en un abrazo perpetuo, y no permitían que surgiera el mundo. Una vez que Urano fue castrado, pudieron emerger los titanes y sus otros hijos, lo que permitió que continuara el proceso de creación del mundo.

MUSA EN 3 SEGUNDOS
Urano («cielo») era un dios primordial griego que frenó el progreso del mundo debido a sus tiránicas exigencias sexuales sobre Gea/Gaia («tierra»).

ODISEA EN 3 MINUTOS
La versión de Hesíodo tiene visos de enfoque psicoanalítico. Describe la relación incestuosa entre Urano y Gea/Gaia, el hijo que se convierte en el esposo de su propia madre y a la vez en el padre de sus hijos. Después presenta la sucesión edípica de Urano por parte de su hijo Cronos, y a su vez la de este por su hijo Zeus.

MITOS RELACIONADOS
En el mito hitita, Kumarbi arrancó de un mordisco los genitales de su padre Anu, el dios del cielo, quedó embarazado y dio a luz a Teshub, el dios de las tormentas, quien derrocó a Kumarbi.

MINIBIOGRAFÍAS
CAOS
Entidad cósmica primordial con la que comenzó la creación
Véase página 14

GEA/GAIA
Madre Tierra
Véase página 18

LOS TITANES
Hijos de Gea/Gaia y Urano
Véase página 24

TEXTO EN 30 SEGUNDOS
Barry B. Powell

Urano, el dios griego primordial del cielo, es un tirano sexual.

LOS TITANES

el mito en 30 segundos

Gea/Gaia y Urano dieron a luz

a una raza de titanes que lucharon sin éxito contra los dioses del Olimpo en la gran Titanomaquia, que duró diez años. El significado de *Titán*, a pesar de las numerosas sugerencias que han propuesto los especialistas, no queda aún claro. En general, los titanes fueron símbolo de las poderosas fuerzas de la naturaleza, indomables al reinado racional y patriarcal de los dioses del Olimpo. Rara vez se les representó artísticamente y tenían pocos adeptos. Dos de los titanes más conocidos fueron el masculino y acuático Océano y la femenina Tetis, tal vez derivada de la acuosa Tiamat babilónica. Según Homero, Océano y Tetis fueron los padres de todos los demás dioses. Océano era un río que rodeaba el mundo y alimentaba con agua todos los pozos, fuentes y ríos. De Océano y Tetis nacieron las tres mil oceánides, espíritus del mar, ríos y manantiales. Entre las titánides también se encuentra Febe, a quien se relaciona con el cielo, y a Temis, quien representa todo lo que está fijo y establecido. Controló el oráculo de Delfos antes de pasarlo a Apolo, y dio hijos a Zeus, como también lo hizo Mnemósine, «memoria». Cronos y Rea fueron padres o abuelos de los doce dioses del Olimpo, incluido Zeus.

MUSA EN 3 SEGUNDOS
Los titanes, cuyo poder era asombroso, eran los hijos de Gea/Gaia y Urano, a quienes los dioses del Olimpo derrotaron en una gran batalla bajo el liderazgo de Zeus.

ODISEA EN 3 MINUTOS
Jápeto y Temis eran los padres de Prometeo, el cual, como hijo de Titán, también participaba de la disputa familiar con Zeus, quien había derrotado y hecho prisioneros a los demás titanes. En la *Teogonía* y los *Trabajos y días*, Hesíodo describe a Prometeo como un embaucador, cuyo intento de engañar a Zeus y robarle el fuego para entregarlo a la humanidad es castigado por parte del dios del Olimpo enviándole un águila para que le devore el hígado.

MITOS RELACIONADOS
En todo el mundo aparecen mitos sobre una guerra en los cielos: las guerras escandinavas entre Aesir y Vanir, la guerra babilónica entre Tiamat y Marduk, o la guerra entre Dios y Satán en la tradición cristiana.

MINIBIOGRAFÍAS
PROMETEO
Dios rebelde, que robó el fuego para darlo a la humanidad
Véase página 26

ZEUS/JÚPITER
Rey del Olimpo, dios del cielo
Véase página 32

EL TÁRTARO
El gran foso, una prisión cósmica para dioses y monstruos vencidos
Véase página 86

TEXTO EN 30 SEGUNDOS
Barry B. Powell

Los titanes, hijos de Gea/Gaia y Urano, lucharon contra los dioses del Olimpo por el control del mundo, pero perdieron.

PROMETEO

el mito en 30 segundos

En los primeros días del cosmos, los dioses del Olimpo se reunieron con los hombres de la humanidad para decidir cómo repartirían la carne entre ellos. Prometeo, uno de los hijos del Titán Jápeto, hacía las veces de intermediario. Sacrificaron un buey y Prometeo lo dividió en dos montones. En uno de ellos había carne cubierta con tripas y en el otro había huesos cubiertos con una grasa deliciosa. Prometeo invitó a Zeus, dios del Olimpo, a elegir, y este seleccionó el montón que tenía mejor aspecto pero que contenía en su mayoría huesos. Cuando se dio cuenta de que lo habían engañado, en venganza retiró el fuego a la humanidad, de modo que, aunque los hombres tuvieran la carne, no la podrían cocinar. (Según otra versión, Zeus conocía el engaño, pero eligió el montón peor para poder castigar más tarde a la humanidad.) Pero Prometeo robó el fuego de los dioses y lo entregó a los humanos. Zeus se encontraba doblemente iracundo y pensó en varios castigos para la humanidad y también para su defensor divino. Para los hombres pensó en las mujeres, de manera que ordenó a Hefesto, dios de los artesanos, que hiciese la primera mujer con arcilla, Pandora. Esta fue enviada a Epimeteo, un hermano de Prometeo que tenía pocas luces. En lo que concierne a Prometeo, Zeus lo encadenó a la ladera de una montaña, donde un águila le torturaba diariamente comiéndose su hígado.

MUSA EN 3 SEGUNDOS
Prometeo fue un dios rebelde que defendió los intereses de los humanos frente a los de los dioses olímpicos.

ODISEA EN 3 MINUTOS
Prometeo combina dos papeles que aparecen a menudo en las diferentes mitologías: el de héroe y el de astuto o embaucador. El héroe favorece el desarrollo de la civilización humana mediante la superación de una serie de obstáculos, o bien facilitando a los humanos cierta infomación o necesidad básica, como cuando Prometeo roba el fuego de los dioses para entregárselo a los hombres. El embaucador, a su vez, logra triunfar mediante la astucia, como cuando Prometeo engaña a Zeus al hacer que escoja el montón de huesos de manera que los humanos se queden con la mejor porción.

MITOS RELACIONADOS
Según la cultura, los héroes y embaucadores pueden ser personajes diferentes o la misma persona. El Coyote de las culturas nativas americanas, ejemplifica un personaje que combina ambos papeles.

MINIBIOGRAFÍAS
LOS TITANES
Hijos de Gea/Gaia y Urano, primera generación de dioses
Véase página 24

ZEUS/JÚPITER
Rey del Olimpo, dios del cielo
Véase página 32

HEFESTO/VULCANO
Dios de la forja
Véase página 38

HERMES/MERCURIO
Mensajero de los dioses
Véase página 54

TEXTO EN 30 SEGUNDOS
William Hansen

Prometeo, el rebelde que desencadenó la ira de Zeus al robar el fuego y entregárselo a la humanidad, fue castigado por tamaña insolencia.

DIOSES OLÍMPICOS

DIOSES OLÍMPICOS
GLOSARIO

cíclopes Nombre colectivo otorgado al grupo de gigantes de un solo ojo que aparecen en varios relatos de la mitología griega. Según la *Teogonía* de Hesíodo, los cíclopes eran una serie de hijos de Urano y Gea/Gaia, y que forjaron para Zeus el rayo que resultó tan efectivo para que los dioses olímpicos derrotaran a los titanes. El cíclope Polifemo, hijo de Poseidón, es famoso por haber sido engañado por Odiseo, pero más tarde fue vengado por su padre.

culto a Zeus El gran oráculo de Dodona en Epiro, en el noroeste de Grecia, albergaba el culto a Zeus y era el oráculo más antiguo de Grecia, del segundo milenio a. C. Los sacerdotes descalzos, conocidos como «Helloi» o «Selloi», proclamaban las profecías que escuchaban en el susurro de las hojas de un roble sagrado al ser mecidas por la brisa. Más tarde, las sacerdotisas sustituyeron a los sacerdotes. El templo de Dodona está íntimamente relacionado con Dione, quien según algunas versiones es una forma de «diosa tierra».

curetes Espíritus de las montañas cretenses, responsables del pastoreo, la caza, la apicultura y la forja. Según la *Teogonía* de Hesíodo, Gea/Gaia escondió al infante Zeus en Creta para que Cronos no pudiera encontrarlo. Pidió a los curetes que lo cuidaran de manera que el ruido del niño al llorar quedara enmascarado por sus ruidosos rituales. Los curetes, que adoraban a Rea, se identifican a menudo con los coribantes frigios, quienes veneraban a su equivalente frigia, Cibeles.

égida Collar o prenda ceremonial ancha (y que a menudo lleva una coraza) utilizada para demostrar que quien la llevaba estaba protegido por un poder divino. Se remonta a las civilizaciones nubia y egipcia. En la mitología griega, tanto a Zeus como a Atenea se les describe llevando una égida forjada por Hefesto, el orfebre divino.

misterios eleusinos Rituales sagrados que se celebraban cada año en Eleusis, al noroeste de Atenas, en honor a las diosas Perséfone y Deméter. Se cree que se remontan a época micénica y se encontraban entre las ceremonias más importantes del calendario de la antigua Grecia. Combinaban iniciación secreta y celebración, basadas, según sus orígenes, en el concepto de la muerte y el renacimiento. Se cree que duraban nueve días durante el mes de septiembre y se asociaban con la época de las cosechas, pues Deméter era la diosa del grano y la fertilidad.

omnipotente Aunque los dioses de la mitología clásica eran poderosos, ninguno de ellos era omnipotente o todopoderoso. Incluso Zeus se vio desafiado por otros dioses, a quienes a veces temía, y era incapaz de evitar el destino. Este término se reserva con mayor precisión a las religiones monoteístas. Pero incluso las religiones con un único dios no siempre lo consideran omnipotente, concepto que tiende a ser más filosófico que popular.

partenogénesis (literalmente «nacimiento virginal») Forma de reproducción asexual, común en el mundo animal, la partenogénesis se encuentra con frecuencia en la mitología clásica. Muchas de las diosas primordiales, desde Gea/Gaia hasta Hera, esposa y hermana de Zeus, son capaces de reproducirse sin contacto sexual. El nacimiento de Atenea de la cabeza de Zeus no fue partenogenético, ya que ya había sido concebida con la diosa Metis. El término también se emplea para describir el nacimiento de Jesús.

psicopompo Nombre otorgado a una entidad que guía a las almas recién fallecidas hasta el inframundo o el más allá. En la mitología clásica se encuentran innumerables ejemplos de psicopompos, como Caronte, Hermes, Hécate y Morfeo.

tridente Una lanza larga de tres puntas asociada con Poseidón (Neptuno). Este empleaba su tridente de varias maneras, pero sobre todo para crear fuentes de agua, provocar terremotos y desencadenar tormentas. En ocasiones, también los tritones se representan con tridentes.

tritones El equivalente masculino de las nereidas. Se les representaba barbados, con cabello de color verde y portando un tridente. Tenían cabeza, brazos y torso humanos, pero una cola de pez en lugar de piernas. Los más famosos de la mitología griega eran Tritón, hijo de Poseidón, y Glauco, un pescador mortal que se convirtió en tritón después de comer una planta mágica.

ZEUS/JÚPITER

el mito en 30 segundos

MUSA EN 3 SEGUNDOS
Zeus (Júpiter para los romanos) era el rey de los dioses, la cabeza de la familia olímpica, el «padre de los dioses y los hombres», como diría Homero.

ODISEA EN 3 MINUTOS
En Dodona, en Epiro, en la remota zona noroccidental de Grecia, se rendía culto a Zeus alrededor de un roble sagrado. Allí, las sacerdotisas proclamaban las profecías que escuchaban en el susurro de las hojas del roble. En Dodona, la consorte de Zeus era Dione, una forma femenina de Zeus, y no Hera. De hecho, pudo haber sido la consorte original de Zeus antes de que los griegos llegaran a los Balcanes y sustituyeran el culto local a las diosas madre (esto es, a Hera).

Al igual que el dios del cielo, Zeus también era el dios de las costumbres sociales, el protector de los reyes y los extraños. El Júpiter romano lo era aún más, pues era la personificación del estado y su irresistible poder militar. Hijo menor de Cronos y Rea, estaba casado con Hera, aunque era famoso por sus aventuras amorosas, que produjeron una descendencia numerosa. Cronos engendró muchos hijos con su esposa Rea, pero, al igual que su padre antes que él, era un tirano y engullía a sus hijos tan pronto nacían. Cuando nació Zeus, el último hijo de Rea, esta dio a Cronos una piedra envuelta en ropas de bebé, que se tragó sin inmutarse. Rea llevó entonces en secreto al infante Zeus hasta Creta, donde fue criado en una cueva. Sus seguidores, los curetes, batieron sus escudos en el exterior de la cueva para ocultar el llanto del infante. Cuando Zeus creció, derrocó a Cronos y le obligó a vomitar a los hijos que se había tragado. A partir de ese momento se desencadenó la Titanomaquia, o guerra contra los titanes, en la cual, gracias al rayo fabricado por los cíclopes, Zeus y los dioses olímpicos resultaron victoriosos. A pesar de su supremacía, Zeus no era omnipotente: fue desafiado por otros dioses y estaba sometido al destino.

MITOS RELACIONADOS
En sánscrito existe un dios, Dyaus Pita, «padre Zeus», que se asemeja al dios griego/romano. En la tradición escandinava, el nombre del dios Tyr («Martes») tiene la misma raíz indoeuropea.

MINIBIOGRAFÍAS
URANO/SATURNO
Padre de los dioses olímpicos
Véase página 22

HERA/JUNO
Reina de los dioses, esposa de Zeus/Júpiter
Véase página 34

TEXTO EN 30 SEGUNDOS
Barry B. Powell

Hijo menor de Cronos y Rea, Zeus es el rey de los dioses, a quienes condujo a la victoria contra los titanes. Amante prodigioso, es padre de muchos dioses y héroes.

HERA/JUNO

el mito en 30 segundos

Como hija de Cronos, antiguo regente
del universo, Hera nunca estuvo satisfecha con
el segundo lugar que le correspondió ocupar,
aunque siempre estuvo a la sombra como esposa
de su hermano Zeus. No obstante, nunca fue
una esposa servil, excepto en aquellas ocasiones
en las que Zeus fue capaz de lograr su sumisión
bajo amenazas de violencia doméstica. Y tenía
motivos para estar asustada: su esposo la colgó
en una ocasión de la cima del Olimpo, atándola
por las muñecas y lastrando sus pies con yunques.
Sin embargo, en la mayoría de las ocasiones su
ira solía estar dirigida a las numerosas amantes
e hijos ilegítimos de Zeus más que al dios mismo.
Heracles, el más grande de los hijos mortales de
Zeus, sufrió su persecución más persistente hasta
el final. Una vez que fue hecho inmortal, Hera le
dio a su hija Hebe como esposa. A diferencia de
su esposo, ella no tuvo amantes. Al mismo tiempo,
era capaz de tener hijos sin él. Como respuesta al
nacimiento de Atenea de su propia cabeza, aunque
solo después de una relación con la diosa Metis,
alumbró a Hefesto por partenogénesis («nacimiento
virginal»), esto es, por sí misma. En una versión
romana sobre este mismo mito, después de que
Minerva surgiera de la cabeza de Júpiter, Flora dio
a Juno una hierba mágica para que se fecundara de
Marte.

TEXTO EN 30 SEGUNDOS
Susan Deacy

*Hera está atrapada
en un matrimonio
tormentoso con Zeus,
cuyas infidelidades
provocan continuos
actos de persecución
en señal de venganza.*

POSEIDÓN/NEPTUNO

el mito en 30 segundos

Junto con sus hermanos Zeus y Hades,
Poseidón participó en el reparto de los dominios
del mundo. Zeus se quedó el cielo, Hades,
el inframundo y Poseidón, el mar. El símbolo
de Poseidón era el tridente, una lanza de tres
puntas con la que podía golpear el suelo y hacer
manar una fuente. Su consorte más significativa,
aunque tuvo muchas, fue la nereida Anfítrite,
con la que tuvo un hijo, Tritón. Cuando Poseidón
y Atenea compitieron por el patrocinio de la ciudad
de Atenas, el dios del mar golpeó la Acrópolis
con su tridente e hizo surgir una fuente de sal.
Sin embargo, Atenea plantó un olivo y fue elegida
por los atenienses como diosa de la ciudad.
En venganza, Poseidón inundó la llanura de Ática,
sobre la que se alza Atenas. Fue el padre de Teseo
y de muchos otros héroes, pero algunos de sus
hijos fueron más que humanos. Según un mito,
cortejó a la diosa Deméter, pero su amor no
fue correspondido. Para evitarlo, ella se convirtió
en una yegua. Sin embargo, Poseidón se convirtió en
un semental y la cubrió; su vástago fue el caballo
mágico Arión. A diferencia de otros dioses primordiales
del agua, Poseidón posee una personalidad bien
definida y distinta de aquella del fenómeno natural
que controla.

MUSA EN 3 SEGUNDOS
Hijo de los titanes
Cronos y Rea, Poseidón
–identificado con el dios
romano Neptuno– fue el
poderoso dios del mar, los
terremotos y los caballos.

ODISEA EN 3 MINUTOS
En castigo por un
desacuerdo, Zeus obligó
a Poseidón y a Apolo a
servir al rey Laomedonte
de Troya. Este les ordenó
construir las gigantescas
murallas de Troya, pero
después se negó a pagarles
lo que había acordado.
Para castigar a los
troyanos, Poseidón envió
a un gran monstruo marino
contra la ciudad. Heracles
lo mató a cambio de la hija
de Laomedonte. Poseidón
era el enemigo divino de
Odiseo porque cegó a su
hijo, el cíclope Polifemo.
Como castigo, retrasó la
vuelta del héroe griego a
su hogar, en Ítaca, durante
diez años.

MITOS RELACIONADOS
Otros dioses acuáticos
mitológicos son el egipcio
Nun y el babilonio Tiamat.

MINIBIOGRAFÍAS
POLIFEMO
El hijo cíclope de Poseidón
Véase página 68

ODISEO/ULISES
Héroe griego; rey de Ítaca y
estratega de la guerra de Troya
Véase página 102

TESEO
Héroe griego que dio muerte al
Minotauro; heroico fundador de
Atenas, hijo ilegítimo del rey Egeo
Véase página 106

TEXTO EN 30 SEGUNDOS
Barry B. Powell

*El dios del mar, como
su hermano Zeus,
protagonizó numerosas
conquistas sexuales.
Su emblema es el
tridente.*

HEFESTO/VULCANO

el mito en 30 segundos

MUSA EN 3 SEGUNDOS
Hefesto –identificado con
el dios romano Vulcano–
fue el artesano divino,
cuyo talento al fabricar
intrincados objetos se
consideraba inigualable.

ODISEA EN 3 MINUTOS
Además de crear objetos
tan maravillosos, e
indestructibles, como
la égida de Atenea,
el cinturón de Venus
y la armadura de Aquiles,
Hefesto también fue el
responsable de algunas
creaciones concebidas de
manera tan ingeniosa que
parecían vivas. También
resultó clave para la
creación de determinados
seres humanos, como
Pandora –la primera
mujer– y Erictonio,
gracias a quien los
atenienses podían
proclamarse «hijos
de Hefesto».

Hefesto se representa como el hijo
de Zeus y Hera, o de Hera sola. En esta última
versión, su madre lo concibió de forma espontánea
para vengarse de su esposo cuando dio a luz a
Atenea. El hecho de que sea Hefesto el que, según
algunas versiones, facilite el nacimiento de Atenea,
aporta un ejemplo de flexibilidad mitológica, al igual
que la cuestión de la cojera de Hefesto. Es posible que
el estupor de Hera al dar a luz a un hijo discapacitado
la motivara a arrojarlo del Olimpo, o que fuera la
propia caída la que produjo la discapacidad. Lo cierto
es que la cojera le llevó a ser objeto de cierta
marginación en el Olimpo, pero muchas de las
deidades necesitaban los regalos que solo él era
capaz de proporcionarles. Al mismo tiempo que
equipaba a los dioses con sus distintas armas y otros
atributos, ayudó a algunos a salir de situaciones
complicadas. Así, por ejemplo, cuando Atenea
estaba atrapada, totalmente ya formada, dentro
de la cabeza de Zeus, fue un certero golpe de
hacha de Hefesto lo que la liberó. Su habilidad
con los oficios también le permitió volver algunas
situaciones particulares a su favor, como cuando
su infiel esposa, Afrodita, quedó atrapada con su
amante Ares en una red tan fina que parecía invisible.

MITOS RELACIONADOS
Hefesto comparte rasgos
con varios dioses dotados
de una gran inteligencia,
a menudo conocidos como
«embaucadores», como el
sumerio Enki y toda una gama de
personajes nativos americanos.

MINIBIOGRAFÍAS
ZEUS/JÚPITER
Rey del Olimpo, dios del cielo
Véase página 32

HERA/JUNO
Reina de los dioses,
esposa de Zeus/Júpiter
Véase página 34

AFRODITA/VENUS
Diosa del amor y la belleza
véase página 50

ATENEA/MINERVA
Diosa de la sabiduría,
las técnicas de la guerra
y la justicia
Véase página 52

TEXTO EN 30 SEGUNDOS
Susan Deacy

*Conocido por su
habilidad, artesanía
e ingenuidad, el cojo
Hefesto está casado
con la diosa del amor,
Afrodita.*

ARES/MARTE

Uno de los dioses del Olimpo, Ares («batalla» o «maldición») no solo fue el dios de la guerra, sino de las matanzas y la sed de sangre, con las cuales se complacía.

ODISEA EN 3 MINUTOS
Ares tomó partido por Troya en la épica guerra de Troya. Pero a pesar de todo su poder, como cuando se encarnó en Héctor y provocó la retirada de las líneas griegas prácticamente solo, no fue capaz de asegurar la victoria a los troyanos. En *La civilización y sus descontentos*, Freud considera el amor y la guerra (agresión) como los impulsos primarios del ser humano, y los considera tan opuestos como lo son Afrodita y Ares.

Es probable que el nombre del dios

romano Marte tenga la misma etimología que Ares, el dios griego de la guerra, pero el primero representaba el valor heroico, mientras que el segundo encarnaba la violencia y el ansia de sangre de la guerra. Ares era muy distinto de Atenea, firme defensora de la inteligencia militar y el pensamiento estratégico. Afrodita, la diosa del amor, era indiscutiblemente opuesta a Ares. Esto no impidió que ambos fueran amantes, a pesar de que ella estuviera casada con Hefesto, el dios lisiado, a quien despreciaba. El dios sol Helios, que lo ve todo, informó a Hefesto del romance, y así el dios de los artesanos concibió una trampa compuesta por una fina red dorada suspendida sobre el lecho nupcial. Dijo a su esposa que marchaba a Lemnos, pero volvió pronto para encontrar a Ares en la cama con Afrodita. Entonces accionó la trampa y la red envolvió a los dioses desnudos. Todos los dioses olímpicos acudieron a curiosear, pero las diosas se contuvieron por modestia. Finalmente los dioses fueron liberados. Ares fue a Tracia, su tierra natal, y Afrodita a Pafos, en Chipre, donde había nacido. Deimos («terror») y Fobos («miedo») fueron los hijos de Ares y Afrodita, y hoy en día prestan sus nombres a las dos lunas del planeta Marte.

MITOS RELACIONADOS
Tyr, dios nórdico de la guerra, era semejante a Ares. De su nombre deriva *Tuesday*, el término inglés para «martes». Sin embargo Odín, o Wotan, jefe de los dioses nórdicos (equivalente al Zeus de los griegos), le superaba en la lucha. De Wotan deriva *Wednesday*, «miércoles» en inglés.

MINIBIOGRAFÍAS
HEFESTO/VULCANO
Dios de la forja, herrero de los dioses
Véase página 38

AFRODITA/VENUS
Diosa del amor y la belleza
Véase página 50

TEXTO EN 30 SEGUNDOS
Barry B. Powell

La afición de Ares por la batalla se contrapone a la devoción de Afrodita por el amor y la belleza, pero, a pesar de ello, ambos son amantes.

APOLO

el mito en 30 segundos

El eternamente juvenil Apolo era
hijo de Zeus y Leto, y hermano gemelo de Artemisa.
Antes de integrarse en la familia del Olimpo, era
temido tanto por los humanos como por los dioses.
Tan solo Delos –una isla flotante que podía jactarse
de no ser estrictamente una «tierra»– aceptó albergar
su nacimiento. Aparentando cumplir la profecía
según la cual «sería el gran señor de los dioses y los
mortales» (*Himno homérico a Apolo*, 68-69), tensó
su arco cuando llegó a la casa de Zeus. Presos del
pánico, los otros dioses abandonaron sus tronos
hasta que Leto lo desarmó. Entre los logros de
Apolo se encuentran su victoria sobre la serpiente
Pitón, antiguo regente de Delfos, que a partir
de entonces se convirtió en el principal centro de
culto. En respuesta a los desaires sobre el honor
de su madre, juró vengarla junto con su hermana
y compañera arquera Artemisa. Cuando Níobe
alardeó que era más fértil que Leto, la pareja
de dioses mató a sus hijos. Entre sus hazañas se
encuentran algunas por las cuales fue castigado.
Por ejemplo, por matar a los cíclopes Zeus lo obligó
a pasar un año cuidando al ganado del mortal
Admeto.

MUSA EN 3 SEGUNDOS
Apolo, a quien se
llegó a identificar con
el dios sol Helios, era
patrono de muchas cosas,
como la poesía, la profecía,
la música, la medicina y las
plagas.

ODISEA EN 3 MINUTOS
Apolo pregonaba, pero
no siempre practicaba,
la moderación en la vida.
En varias ocasiones, sus
intentos por desflorar
a las mujeres fracasaron.
Por ejemplo, Casandra
mantuvo su virginidad
al igual que su compañera
profetisa, la Sibila de
Cumas; Dafne, a su vez,
se libró de la violación
al transformarse en un
laurel. A pesar de estos
fracasos, Apolo fue el
padre de varios hijos, entre
ellos el dios de la curación,
Asclepio (con Coronis),
el pastor Aristeo (con
Cirene) e Ion, producto
de la violación de Creúsa.

MITOS RELACIONADOS
El dios de Oriente Próximo
que muestra mayor semejanza
con Apolo es la deidad hurrita
de las plagas, Aplu.

MINIBIOGRAFÍAS
ZEUS/JÚPITER
Rey del Olimpo, dios del cielo
Véase página 32

TEXTO EN 30 SEGUNDOS
Susan Deacy

*Este dios de la música,
la buena salud y el
Sol era a un tiempo
una divinidad que
buscaba la venganza,
enviaba plagas
y deparaba un final
terrible a algunos
de sus adversarios.*

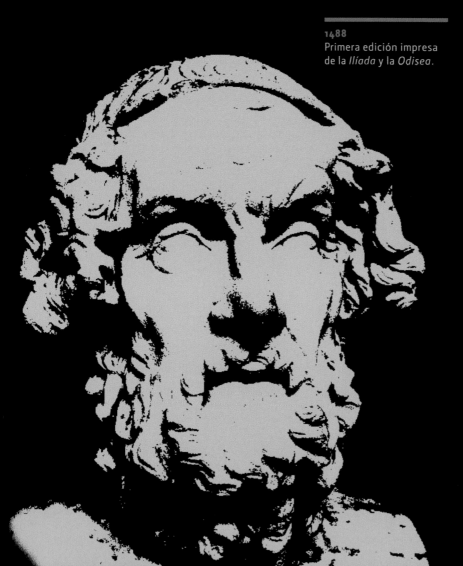

Siglo VIII **a. C.**
¿Homero en activo?

750 a. C.
Compone la *Ilíada*
y después la *Odisea*,
ambas anteriores
a Hesíodo.

Siglo II **a. C.**
Se establece el texto
«canónico» de ambos
poemas en Alejandría.

Siglo XV
Homero es
redescubierto en la
Italia del Renacimiento.

1488
Primera edición impresa
de la *Ilíada* y la *Odisea*.

1556
Primera traducción
completa al castellano
de la *Odisea* por Gonzalo
Pérez.

1788
Primera traducción
al castellano de la *Ilíada*
por Ignacio García Malo.

1927
Luis Segalà y Estalella
traduce al castellano
la *Ilíada*.

2005
Carlos García Gual traduce
al castellano la *Odisea*.

2011
Joan Francesc Mira
traduce la *Odisea*
al catalán.

HOMERO

Aunque se encuentra entre los antiguos poetas griegos más conocidos y es el autor de dos de los poemas épicos más influyentes de la literatura occidental, la *Ilíada* y la *Odisea,* lo cierto es que se sabe muy poco sobre Homero. Es posible que naciera en la isla de Quíos, o en Esmirna, en la costa de Turquía. La tradición antigua dice que era ciego (en algunos dialectos la palabra *omeros* se asocia a la ceguera). Heródoto insiste en que Homero le precedió en unos 400 años, lo que lo situaría alrededor del año 850 a. C. Otros mantienen que fue testigo ocular (ciego o no) de la guerra de Troya y que debió de vivir en el siglo XII a. C. Una tercera posibilidad es que hubiera más de un Homero, de la misma manera que pudo haber más de un Hesíodo. Esta última hipótesis solo adquirió popularidad con el auge de los enfoques modernos más críticos hacia los textos antiguos de todo tipo. Uno de los traductores al inglés más famosos de Homero, Samuel Butler, argumentaba que Homero bien pudo haber sido una mujer.

Mientras que los estudiosos del siglo XX retomaron la antigua teoría del Homero único, todos dan por supuesto que ambas obras presentan puntos de vista distintos sobre las relaciones entre los dioses, así como destino en los asuntos humanos. Asimismo, ponen énfasis en la naturaleza infeliz de la vida después de la muerte en el Hades y enfatizan la necesidad de enterrar a los muertos. Por último, ambos poemas, y en especial la *Ilíada*, versan sobre los aristócratas y no sobre los griegos o troyanos del pueblo llano.

Ambos relatos épicos, al igual que otras obras del mundo antiguo, fueron orales en sus orígenes y se escribieron mucho más tarde. Algunos estudiosos afirman que el texto definitivo se fijó en el siglo VIII a. C., mientras que otros sostienen que fue un siglo después y que no se escribieron hasta el VI a. C. El alfabeto griego se estableció en el siglo VIII a. C., de manera que los poemas no pudieron haberse escrito mucho antes. De lo que no cabe duda es de que la *Ilíada*, que relata los orígenes y el último año de la guerra de Troya, fue compuesta antes que la *Odisea*, que relata el retorno a casa de Odiseo una vez finalizada la guerra. Pero quién fue en realidad Homero y cuántos Homeros existieron aún es motivo de debate entre los helenistas.

ARTEMISA/DIANA

el mito en 30 segundos

Artemisa, identificada por los romanos con Diana, fue la peligrosa diosa de la caza, de los animales salvajes, de las tierras sin explorar y más tarde de la Luna. Era responsable de las muertes misteriosas de las mujeres. Sus padres fueron Zeus y la ninfa Leto, y a menudo se la representa con un arco y flechas y su hermano gemelo Apolo, quien fue su fiel compañero. Hera, furiosa por la infidelidad de Zeus con Leto, ordenó que no diera a luz en ningún lugar «que viera la luz del día». Delos, en el centro de las Cícladas, era una isla que flotaba en medio del mar. Allí la desdichada Leto dio a luz a Artemisa, quien de inmediato le ayudó a parir a su hermano, de ahí que se la reconociera como protectora de las mujeres en el alumbramiento. Cuando se estaba bañando, el cazador Acteón la vio desnuda. Ofendida y avergonzada, lo transformó en un ciervo y los propios perros de Acteón, al no reconocer a su infortunado amo, lo desgarraron en pedazos. Níobe pensó que era mejor que Leto porque tenía siete hijos y otras tantas hijas, mientras que Leto solo había alumbrado a Artemisa y a Apolo. En respuesta, Apolo mató con sus flechas a los hijos de la orgullosa madre, y Artemisa hizo lo propio con las hijas. Desolada, Níobe se convirtió en una piedra que incluso hoy en día se dice que llora en las montañas al oeste de Turquía.

MUSA EN 3 SEGUNDOS
Artemisa fue la diosa virgen del bosque, a la que Homero denomina *potnia Thêrôn*, «señora de los animales salvajes». Presidía la caza, los nacimientos y la muerte repentina de las mujeres.

ODISEA EN 3 MINUTOS
Artemisa era una aliada de los troyanos. Cuando el rey griego Agamenón mató un ciervo en su gruta sagrada y se jactó de ser mejor cazador que la propia diosa, esta solicitó la muerte en sacrificio de su hija Ifigenia antes de permitir que los vientos llevaran a los griegos hasta Troya. Según una versión, en el último minuto sustituyó por un ciervo a la pobre muchacha, a la que se llevó a Crimea para que la sirviera como sacerdotisa.

MITOS RELACIONADOS
La diosa tracia Bendis también es una diosa de la Luna y la caza, y se la asocia con Artemisa y Diana.

MINIBIOGRAFÍAS
APOLO
Dios de la profecía y el Sol
Véase página 42

ACTEÓN
Cazador que vio a Artemisa desnuda
Véase página 134

TEXTO EN 30 SEGUNDOS
Barry B. Powell

Artemisa es la hermana de Apolo y la diosa de la caza. A diferencia de la mayoría de los dioses olímpicos, se mantiene casta.

DEMÉTER/CERES

el mito en 30 segundos

MUSA EN 3 SEGUNDOS
Deméter, conocida
por los romanos como
Ceres, era la diosa de las
cosechas y la fertilidad,
y se la consideraba como
la segunda diosa de la
tierra.

ODISEA EN 3 MINUTOS
Deméter era desgraciada
en el amor. Dio a luz a
Perséfone después de
yacer con Zeus, pero,
cuando se enamoró de
Yasión y le dio un hijo,
Plutón, Zeus mató a aquel
en un arranque de celos.
Los problemas de Deméter
continuaron mientras
buscaba a Perséfone. Fue
perseguida por su hermano
Poseidón y, cuando se
transformó en una yegua
para escapar, el dios del
mar se transformó en un
semental. De esta relación
nació un caballo inmortal,
Arión.

La hija de Cronos y Rea, Deméter
(que significa «madre tierra»), fue uno de los primeros
habitantes del Olimpo. Se encargaba del crecimiento
de las cosechas y de todos los aspectos de la fertilidad,
incluida la maternidad. Su hija Perséfone (la romana
Proserpina) fue raptada por Hades y se convirtió en
reina del inframundo. Desconsolada, Deméter detuvo
todo crecimiento sobre la tierra. Mientras buscaba
a su hija, se disfrazó de vieja. Pasó cierto tiempo
en Eleusis, donde en agradecimiento intentó
conceder, en vano, la inmortalidad al hijo infante
del rey, Demofonte. Continuó su búsqueda hasta
que descubrió el paradero de Perséfone y exigió su
liberación. Zeus acordó permitir que Perséfone pasara
una parte del año con Deméter y otra con Hades, lo
que explicaría la sucesión de las estaciones del año.
En un sentido más sublime, Deméter y Perséfone
fueron objeto de culto en los misterios eleusinos
(ceremonias secretas de iniciación) como diosas
que facilitaban la transición entre la vida y la muerte.
Aunque en general se la consideraba una figura
benévola, podía ser muy peligrosa si se sentía
ofendida. Cuando Erisicton taló los árboles en su
arboleda sagrada, Deméter lo castigó con un apetito
insaciable: por más que comía, no llegaba a saciarse
nunca.

MITOS RELACIONADOS
Los dioses –y sobre todo
las diosas– también se
pelearon por Adonis, y Zeus
se vio obligado a protegerlo.
Las figuras maternas
primordiales se encuentran
en muchas mitologías,
desde la egipcia Isis hasta
la Aakuluujjusi de los inuit.

MINIBIOGRAFÍAS
ZEUS/JÚPITER
Rey del Olimpo, dios del cielo
Véase página 32

POSEIDÓN/NEPTUNO
Dios del mar, hermano de Zeus
Véase página 36

DIONISO/BACO
Dios del vino y del teatro, hijo
de Zeus
Véase página 56

HADES
Dios del inframundo y el reino
de los muertos
Véase página 82

TEXTO EN 30 SEGUNDOS
Emma Griffiths

*Deméter es una madre
tierra, cuya separación
anual de su hija
explica el cambio
en las estaciones.*

AFRODITA/VENUS

el mito en 30 segundos

Afrodita, del griego *aphros*, significa «nacida de la espuma». Fue creada cuando el titán Cronos lanzó los genitales mutilados de su padre, Urano, al mar, donde hirvieron y crearon una espuma en las costas de Chipre de la cual surgió Afrodita en una concha de vieira. Según una versión alternativa, era hija de Zeus y Dione, un avatar de la diosa tierra. Afrodita puede considerarse como la fuente o la manifestación del poder aplastante y a menudo destructor del amor. Al darse cuenta de que su belleza acarrearía problemas, Zeus la desposó con el lisiado y poco agraciado Hefesto, quien, de manera más bien contraproducente, le forjó un cinturón mágico lleno de joyas que la hacía parecer aún más irresistible. Afrodita mantuvo innumerables romances tanto con dioses como con mortales. De entre ellos destaca la relación que mantuvo con el príncipe troyano Anquises, de la cual nació Eneas, y de su unión con el dios Hermes nació Hermafrodito. También mantuvo un largo devaneo con Adonis. Con Ares (Marte) tuvo la relación más prolongada, y de ella nació Eros, el dios armado del deseo sexual, cuyas flechas lanzadas indiscriminadamente explican o expresan lo caprichoso o doloroso que puede ser el amor.

MUSA EN 3 SEGUNDOS
Afrodita era la diosa griega del amor, la belleza y la armonía. Los romanos la conocían como Venus.

ODISEA EN 3 MINUTOS
El ejemplo más conocido de la interferencia de Afrodita con el mundo mortal ocurrió durante la guerra de Troya. Durante la disputa entre Afrodita, Atenea y Hera por ser la más hermosa, Zeus declinó pronunciarse y presionó a Paris, príncipe de Troya, para que lo hiciera él en su lugar. Las tres lo sobornaron para que les otorgara su voto, y fue Afrodita quien al final logró convencerlo al prometerle a la mujer más hermosa del mundo. Después de su victoria, la diosa del amor le dio a Helena, quien ya estaba casada con el rey griego Menelao. La guerra con Troya resultó inevitable.

MITOS RELACIONADOS
Paralelas a Afrodita son las diosas Astarté (fenicia), Hator (egipcia), Inanna (babilónica), Ishtar (acadia) y Freya (nórdica).

MINIBIOGRAFÍAS
ZEUS/JÚPITER
Rey del Olimpo, dios del cielo
Véase página 32

HERA/JUNO
Reina de los dioses, esposa de Zeus/Júpiter
Véase página 34

HEFESTO/VULCANO
Dios de la forja, herrero de los dioses
Véase página 38

ARES/MARTE
Dios de la guerra, hijo de Zeus y Hera
Véase página 40

TEXTO EN 30 SEGUNDOS
Viv Croot

La diosa de la belleza, el placer, el amor y la procreación cautiva por igual a dioses y mortales.

ATENEA/MINERVA

el mito en 30 segundos

MUSA EN 3 SEGUNDOS
Atenea –identificada con
la diosa romana Minerva–
era a la vez una guerrera,
protectora de varias
ciudades, madre, artesana,
ayudante de los héroes e
inventora.

ODISEA EN 3 MINUTOS
Atenea era la patrona
de tantos héroes que es
posible afirmar que uno
de los atributos de estos
últimos era tenerla como
aliada. En efecto todo un
despliegue de héroes, entre
los que se encontraban
Heracles, Perseo, Odiseo
y Jasón, floreció bajo
su protección. Su ira era
igualmente efectiva, como
los griegos descubrieron
cuando, después del
saqueo de Troya, olvidaron
castigar a Áyax el Menor
por haber violado a
Casandra frente al Paladio,
la imagen sagrada de
Atenea.

Atenea nació como consecuencia

del intento de Zeus por retener su trono después de
escuchar que el hijo de su primera esposa, Metis, lo
derrocaría. En respuesta a tal vaticinio, se tragó a Metis,
que estaba embarazada de Atenea por aquel entonces.
La hija permaneció atrapada dentro de Zeus hasta
que Hefesto, con ayuda de un hacha, o Prometeo,
según otras versiones, le abrió la cabeza, de donde
surgió Atenea totalmente desarrollada, vestida
con una brillante armadura para asombro de los dioses
allí reunidos. Se instaló el caos cósmico hasta que,
al quitarse sus armas, la diosa restauró la normalidad.
Tomó posesión de su ciudad favorita, Atenas, cuando
sus habitantes prefirieron el primer olivo que les
ofreció como regalo a la fuente de agua salada creada
por su rival, Poseidón. Su relación con Atenas se vio
reforzada a través de su participación en el nacimiento
de Erictonio, uno de los héroes ancestrales de la
ciudad. Cuando la diosa acudió a Hefesto en busca
de armas, este intentó violarla. Durante el forcejeo,
el semen del dios herrero cayó al suelo y un niño,
Erictonio («muy terrenal»), emergió de la tierra
fertilizada. Gea/Gaia, la diosa de la tierra, dio el
niño a Atenea, quien lo crió. Numerosos inventos
se atribuyen a Atenea, entre ellos la flauta, los barcos,
el bocado de la brida, el arado y el carro.

MITOS RELACIONADOS
Atenea es similar a otras
diosas guerreras, como Arinna
la diosa hitita del sol, y la
deidad hindú Durga.

MINIBIOGRAFÍAS
ZEUS/JÚPITER
Rey del Olimpo, dios del cielo
Véase página 32

HERACLES/HÉRCULES
Héroe griego de una fuerza
portentosa
Véase página 96

ODISEO/ULISES
Héroe griego, reconocido por su
inteligencia; rey de Ítaca y gran
estratega de la guerra de Troya
Véase página 102

PERSEO
Héroe griego que mató a la
gorgona Medusa
Véase página 108

TEXTO EN 30 SEGUNDOS
Susan Deacy

*La guerrera Atenea
es patrona de un gran
número de ciudades
y héroes.*

HERMES/MERCURIO

el mito en 30 segundos

MUSA EN 3 SEGUNDOS
Hermes era el mensajero
de los dioses, ligero de pies,
manilargo y elocuente,
conocido por los
romanos como Mercurio.

ODISEA EN 3 MINUTOS
El himno homérico a
Hermes rinde homenaje
al dios como niño prodigio.
Cuando solo tenía un día
de edad, saltó de la cuna y
robó un rebaño de ganado
a su medio hermano
Apolo, a quien no pudo
convencer argumentando
que solo era un bebé
inocente. Para aplacar
su ira, le regaló un
instrumento musical
que acababa de inventar
utilizando el caparazón
de una tortuga, la lira.

Tan reluciente, escurridizo y voluble
como el metal líquido al que dio su nombre (romano),
Hermes era el mensajero de los dioses. Volaba
entre el Olimpo y el mundo de los mortales gracias
a su sombrero de ala ancha y a sus sandalias aladas,
así como a su omnipresente vara de heraldo con
las serpientes entrelazadas (el caduceo). Transmitía
los mensajes de su padre Zeus a los mortales,
si bien en ocasiones también ofrecía auxilio, como
cuando mostró a Odiseo la hierba mágica que le
salvó del hechizo de Circe. Otras veces era el portador
de mandatos divinos, como al comunicar a Eneas
que debía abandonar a Dido y establecer el futuro
emplazamiento de Roma. Orador, comerciante,
viajero, embaucador y ladrón, Hermes presidía cualquier
forma de intercambio y comunicación. Su habilidad
con las palabras lo convirtieron en el protector de los
escritores y oradores, de los académicos y diplomáticos.
Supervisaba el intercambio de mercancías de los
comerciantes y ladrones (que no eran tan distintos,
según el punto de vista de los antiguos griegos), y
cuidaba a los viajeros y a quienes cruzaban las fronteras.
De la misma manera en que cruzaba la frontera entre
el cielo y el mundo de los humanos, también atravesaba
la que dividía la vida de la muerte. Como psicopompo,
o guía espiritual, conducía las almas de los muertos
hacia el Hades, y en contadas ocasiones en el viaje de
retorno. Durante el período helenístico, se asoció con
la sabiduría; de ahí proviene el término *hermenéutica*,
el estudio de los principios de la interpretación.

MITOS RELACIONADOS
Hermes y el dios egipcio
Tot se combinan en la figura
del sabio Hermes Trismegisto.
El celta Ogmios es el dios
de la elocuencia y también
es un psicopompo.

MINIBIOGRAFÍAS
ZEUS/JÚPITER
Rey del Olimpo, dios del cielo
Véase página 32

APOLO
Dios del Sol, de la música y de la
poesía
Véase página 42

HADES
Dios del inframundo y el reino
de los muertos
Véase página 82

ODISEO/ULISES
Héroe griego, reconocido por su
inteligencia; rey de Ítaca y gran
estratega de la guerra de Troya
Véase página 102

TEXTO EN 30 SEGUNDOS
Geoffrey Miles

*Más que un simple
mensajero, el hijo
de Zeus con los pies
alados encarna el genio
original y voluble.*

DIONISO/BACO

el mito en 30 segundos

Personaje relacionado tanto con

los fenómenos físicos como con los sociales, Dioniso estaba asociado con el vino, el éxtasis, las relaciones, el culto al misterio y la muerte. Los mitos dionisíacos clásicos, las bacantes, transmitían las alegrías de un dios que, según uno de sus epítetos, era el «Liberador» (Eleutherios). Bajo su influencia, las mujeres iban en procesión hacia las montañas y los hombres practicaban el hedonismo. Los numerosos intentos fallidos de resistirse a Dioniso quedan ilustrados por el castigo al que fue sometido Penteo, un primo del propio dios, que fue despedazado por su madre y sus tías. Mientras tanto, las hijas de Minias, que permanecieron en sus telares cuando todas las demás mujeres de Beocia se habían precipitado hacia las montañas para participar en los ritos báquicos, quedaron tan intensamente afectadas por la locura dionisíaca que, según algunas versiones, desmembraron a sus propios hijos. Desconsoladas, vagaron por las montañas hasta que Hermes las transformó en murciélagos. Conocido como el dios «nacido dos veces», Dioniso fue arrancado del vientre de Sémele mientras esta se consumía con el rayo de Zeus. El feto fue cosido al muslo de este último, de donde nació más tarde. Sin embargo, volvió a nacer después de que los titanes lo desmembraran, y Atenea lo reconstruyera a partir de su corazón, que no había dejado de latir.

MUSA EN 3 SEGUNDOS
Dioniso, el «más terrible y el más amable con la humanidad», ha sobrevivido más como símbolo de una faceta de la naturaleza humana que la mayoría de los demás dioses de la Antigüedad.

ODISEA EN 3 MINUTOS
Los relatos del siglo XIX sobre la llegada de Dioniso desde Oriente estaban encaminados a explicar por qué los griegos adoraban a una deidad que supuestamente estaba enfrentada a la racionalidad que los hizo tan famosos. Desde el descubrimiento de una entidad conocida como DI-WO-Ni-SO-JO en las tabletas griegas del período micénico, ha quedado claro que este culto se remonta al menos a la Edad del Bronce.

MITOS RELACIONADOS
La mezcla de progenitores de Dioniso, su relación con el vino y el misterio, y su muerte y renacimiento han llevado a establecer un cierto paralelismo con la vida de Jesús.

MINIBIOGRAFÍAS
LOS TITANES
Hijos de Gea/Gaia y Urano, primera generación de dioses
Véase página 24

ZEUS/JÚPITER
Rey del Olimpo, dios del cielo
Véase página 32

HEFESTO/VULCANO
Dios de la forja, herrero de los dioses
Véase página 38

ATENEA/MINERVA
Diosa de la sabiduría, las técnicas de la guerra y la justicia
Véase página 52

TEXTO EN 30 SEGUNDOS
Susan Deacy

Desde el vino hasta la muerte, pasando por el éxtasis, el abanico de atributos de Dioniso explica su permanente atractivo.

MONSTRUOS

argonautas Los argonautas fueron un grupo de heroicos aventureros que recibieron este nombre gracias al barco en el que zarparon, *Argo*, y que acompañaron a Jasón en su viaje a la Cólquide, en las costas del mar Negro, en busca del vellocino de oro. El número de argonautas varía según la fuente, pero se suele dar como cifra la cincuentena, y entre ellos se encuentran algunos de los más famosos héroes de la Antigüedad, como Heracles, Orfeo y Teseo.

cíclopes Nombre colectivo otorgado al grupo de gigantes de un solo ojo que aparecen en varios relatos de la mitología griega. Según la *Teogonía* de Hesíodo, eran una serie de hijos de Urano y Gea/Gaia, y forjaron para Zeus el rayo que resultó tan efectivo para que los dioses olímpicos derrotaran a los titanes. El cíclope más conocido fue Polifemo, a quien Odiseo engañó con uno de sus geniales ardides.

égida Collar o prenda ceremonial ancha (que a menudo llevaba una coraza) utilizada para demostrar que quien la llevaba estaba protegido por un poder divino. Se remonta a las civilizaciones nubia y egipcia. En la mitología griega, tanto a Zeus como a Atenea se les describe llevando una égida forjada por Hefesto, el orfebre divino. Hoy en día la palabra se utiliza para denotar «protección».

inframundo Término general utilizado para describir los dominios que existen más allá del mundo de los vivos. Las descripciones varían según la fuente, pero en general incluye el Tártaro, la prisión cósmica de los titanes y de algunos humanos (en particular de aquellos que, como Tántalo y Sísifo, ofendieron a los dioses); el Hades (o Érebo), destino de los mortales después de la muerte; y según Virgilio, pero no los poetas griegos, los Campos Elíseos, donde descansan los héroes. El río más importante del más allá, que separa a los vivos de los muertos, era el Estigia, aunque era otro río, el Aqueronte, el que debían cruzar las almas de los recién fallecidos con la ayuda del barquero Caronte.

laberinto En la mitología griega, una construcción de corredores extraordinariamente compleja. Fue diseñada por Dédalo a instancias del rey Minos de Creta y fue construida para mantener prisionero al Minotauro, un hombre con la cabeza de un toro. El emplazamiento del laberinto no se conoce, aunque hay quien cree que pudo haber estado en el recinto del complejo del palacio de Knossos, una teoría inspirada por los relatos de los viajeros que describieron el intrincado trazado del palacio.

metamorfosis La transformación de un objeto en otro; en la mitología, por lo general la de un humano en un animal o planta. La antigua mitología griega está llena de ejemplos de metamorfosis, a menudo realizadas de manera deliberada por una divinidad para conceder un deseo o ambición personal, como la de Zeus cuando se transformó en un cisne para seducir a Leda, o para infligir un castigo a un mortal, como cuando Artemisa convirtió a Acteón en un ciervo. Se ha sugerido que los mitos de las metamorfosis en las religiones primitivas sirvieron para explicar la transformación de una especie en otra.

Quimera Monstruo mitológico griego con el cuerpo de una leona, una cola que terminaba con una cabeza de serpiente, y el cuello y la cabeza de una cabra. Era capaz de respirar fuego y se la representaba como un ser femenino. Según Hesíodo, era hija de Equidna.

EL MINOTAURO

el mito en 30 segundos

El Minotauro, al que apenas se recuerda por su nombre, Asterio («estrellado»), fue el resultado de la arrogancia del rey Minos. En el fragor de la batalla fraternal por el trono de Creta, Minos pidió ayuda a Poseidón. El dios le envió un toro blanco del mar, que Minos debía ofrecer en sacrificio. Pero era una bestia tan espléndida que el rey la guardó para sí, sacrificando a otro animal en su lugar. En venganza, Poseidón pidió a Afrodita que hiciera que Pasífae, esposa de Minos, se enamorara perdidamente del animal, lo que así ocurrió. Entonces Pasífae pidió a Dédalo que construyera una vaca de madera en la que pudiera entrar para consumir su pasión. Ella amamantó a su hijo, con cabeza de toro, el Minotauro, pero cuando se volvió demasiado salvaje y agresivo, Minos ordenó a Dédalo que construyera un laberinto para retenerlo. Gracias a sus maquinaciones políticas, Minos fue capaz de exigir tributos a Egeo, rey de Atenas, consistentes en el suministro de doncellas y jóvenes para alimentar al Minotauro. Después de tres años, el héroe ateniense Teseo se presentó voluntario para formar parte del tributo. Con la ayuda de Ariadna, la hija de Minos, y un ovillo de hilo para marcar el camino, luchó contra el Minotauro y lo mató, cortó su cabeza y escapó del laberinto.

MUSA EN 3 SEGUNDOS
Con el cuerpo de un hombre y la cabeza de un toro, el Minotauro era el hijo de Pasífae, esposa de Minos el rey de Creta, y un toro blanco.

ODISEA EN 3 MINUTOS
Minos/Minotauro se considera en ocasiones como la personificación del dios Sol cretense, que se suele representar como un toro. De hecho Creta siempre se ha asociado con los toros. Cuando Zeus se enamoró de la princesa fenicia Europa, se disfrazó de toro blanco, la subió a su espalda y nadó con ella hasta Creta.

MITOS RELACIONADOS
En la literatura clásica japonesa, el *ushi-oni* es un demonio con cabeza de toro. Adopta formas variadas, pero suele ser un monstruo cornudo y feroz.

MINIBIOGRAFÍAS
POSEIDÓN/NEPTUNO
Dios del mar, hermano de Zeus
Véase página 36

AFRODITA/VENUS
Diosa del amor y la belleza
Véase página 50

TESEO
Héroe griego que dio muerte al Minotauro; heroico fundador de Atenas, hijo ilegítimo del rey Egeo
Véase página 106

TEXTO EN 30 SEGUNDOS
Viv Croot

El Minotauro, que solo se apaciguaba con sacrificios, causó terror entre la población hasta que fue derrotado por Teseo.

MEDUSA
Y LAS GORGONAS

el mito en 30 segundos

La historia de Medusa comienza

cuando durmió con Poseidón en un lugar
«prohibido» que pudo haber sido un templo
de Atenea o un prado florido, un lugar en el que,
por otro lado, la seducción era frecuente en la
mitología. Debido a esta transgresión sexual,
Atenea transformó a Medusa, una joven con una
hermosa cabellera, en un monstruo con serpientes
en lugar de cabello, con colmillos de jabalí, barba,
una lengua muy larga, alas y una mirada tan horrible
que convertía en piedra a quien la miraba. Pero la
maldición de Atenea no terminó en esta metamorfosis:
cuando Perseo aceptó ir en busca de la cabeza de la
temible gorgona, la propia diosa le ayudó a decapitarla
mientras dormía. Medusa, que era mortal, tenía
dos hermanas inmortales que compartían su aspecto
monstruoso, Esteno («poderosa») y Euríale («la que
salta lejos»). Estas hijas de los dioses primordiales
del mar, Forcis y Ceto, se representaban con Medusa
(«astuta») habitando el extremo del mundo, junto
al río Océano.

MUSA EN 3 SEGUNDOS
Medusa era originalmente
una mujer hermosa
que fue transformada en
una de las tres gorgonas,
los monstruos más feos
y aterradores del mundo
clásico.

ODISEA EN 3 MINUTOS
Perseo no solo fue el
verdugo de Medusa, sino
también su comadrona.
Mientras fue un monstruo,
la gorgona estuvo
embarazada de los hijos
de Poseidón. Pero estos
–el guerrero Crisaor y
el caballo alado Pegaso–
no podían salir hasta que
Perseo la decapitara.
Después de varias
aventuras con la cabeza,
Perseo se la entregó
a modo de obsequio a
Atenea, quien la puso
en su égida.

MITOS RELACIONADOS
La lengua colgante de las
descripciones de la diosa
hindú Kali es como la de las
gorgonas.

MINIBIOGRAFÍAS
POSEIDÓN/NEPTUNO
Dios del mar, hermano de Zeus
Véase página 36

ATENEA/MINERVA
Diosa de la sabiduría, las técnicas
de la guerra y la justicia
Véase página 52

PERSEO
Héroe griego que mató
a la gorgona Medusa
Véase página 108

TEXTO EN 30 SEGUNDOS
Susan Deacy

*La hermosa Medusa
ofende a la diosa
Atenea, que la
convierte en una
gorgona horrorosa,
con serpientes en
la cabeza.*

CERBERO

el mito en 30 segundos

MUSA EN 3 SEGUNDOS
Cerbero, un perro
monstruoso con muchas
cabezas, cuidaba la
entrada al inframundo,
alejando a los muertos
de los vivos y a los
vivos de los muertos.

ODISEA EN 3 MINUTOS
Las serpientes eran un
símbolo de la relación
entre la vida y la muerte.
Medusa tenía serpientes
en lugar de cabello,
la Quimera tenía una
cola de serpiente, Equidna
era mitad mujer y mitad
serpiente, y muchos
personajes murieron de
mordeduras de serpiente,
entre ellos la esposa
de Orfeo, Eurídice.

Cerbero tenía un linaje impresionante.
Era el hijo de dos de los monstruos más temidos
en toda la mitología griega, Equidna y Tifón, y era
hermano de la Hidra y la Esfinge. Tenía el aspecto de
un perro enorme con muchas cabezas, por lo general
tres, pero a veces hasta 50. Cada cabeza estaba
envuelta por una melena de temibles serpientes
vivas. Como perro guardián del inframundo, vigilaba
la frontera entre la vida y la muerte, resistiendo los
esfuerzos de los héroes que intentaban entrar en
el inframundo mientras aún estaban vivos. A pesar
de su ferocidad, podía ser derrotado, aunque solo de
manera temporal. Orfeo lo durmió cantando cuando
intentó recuperar a Eurídice, y tanto Eneas como
Teseo le drogaron con pasteles. Por desgracia
para Teseo, el efecto del somnífero pasó antes de
que pudiera volver a salir y quedó atrapado hasta que
Heracles lo rescató. La táctica de este último fue
más directa: simplemente lo redujo recurriendo a su
insuperable fuerza. Como la captura de Cerbero fue
uno de los trabajos que le impuso Euristeo, Heracles
lo llevó a Micenas, pero aquel se asustó tanto que
se ocultó en un caldero y ordenó a Heracles que lo
devolviera al Hades.

MITOS RELACIONADOS
Si Cerbero evita que las
personas escapen del Hades,
la serpiente del mito del jardín
del Edén (Génesis, 3) provoca
la expulsión de los primeros
humanos del paraíso.

MINIBIOGRAFÍAS
HADES
Dios del inframundo y el reino de
los muertos
Véase página 82

HERACLES/HÉRCULES
Héroe griego de una fuerza
portentosa
Véase página 96

TESEO
Héroe griego que mató al
Minotauro; fundador de Atenas
Véase página 106

ORFEO
Intentó sacar a su esposa
Eurídice del Hades
Véase página 120

TEXTO EN 30 SEGUNDOS
Emma Griffiths

*Guardián del
inframundo provisto
de múltiples cabezas,
Cerbero es un adversario
frecuente de los héroes
griegos.*

POLIFEMO Y LOS CÍCLOPES

el mito en 30 segundos

MUSA EN 3 SEGUNDOS
Polifemo, uno de
los gigantes con
un solo ojo conocidos
colectivamente como
cíclopes, era hijo del
dios griego Poseidón
y la nereida Toosa.

ODISEA EN 3 MINUTOS
En la mitología griega
había dos grupos
distintos de cíclopes
que aparentemente
no estaban relacionados
entre sí. Uno de ellos
lo formaban herreros
encargados de forjar
los relámpagos para
Zeus. Eran tres hermanos,
hijos de Gea/Gaia (tierra)
y Urano (cielo). El otro
grupo eran los pastores
caníbales con los que
Odiseo se encontró en
su camino de vuelta desde
Troya. Ambos grupos
de cíclopes eran gigantes
con un único ojo en medio
de la frente.

Al volver de Troya, Odiseo y sus
compañeros llegaron a una tierra desconocida.
Se abrieron camino hasta una cueva y en eso un
cíclope volvió con su rebaño, cerrando tras de sí
la entrada a la cueva con una gran piedra. Cuando
Polifemo, que es como se llamaba, preguntó a los
extraños quiénes eran, Odiseo le explicó que eran
griegos que volvían a casa desde Troya. El cíclope
respondió matando a un par de hombres y
devorándolos. Los griegos se sintieron indefensos,
ya que, aunque pudieran matar al gigante, no podían
apartar la roca que bloqueaba la entrada a la cueva.
A la mañana siguiente, Polifemo se comió a dos
hombres más. Por la tarde, preguntó a Odiseo
por su nombre y este le contestó que le llamaban
«Nadie». Cuando el cíclope se durmió por fin,
los hombres clavaron una estaca en su único ojo
y el gigante se despertó pidiendo ayuda a los otros
cíclopes gritando que Nadie le había herido.
Los otros cíclopes creyeron que se había vuelto loco.
Por la mañana, Polifemo sacó a sus animales a pastar,
tocándolos para asegurarse de que los griegos no
trataban de escapar con ellos. Sin embargo, para
evitar ser detectados, los griegos se habían atado a
los vientres de las ovejas y se escabulleron con el
rebaño.

MITOS RELACIONADOS
Polifemo desempeña el
papel de «ogro estúpido»
o adversario torpe a quien
el protagonista supera.
Un ejemplo de este mismo
personaje en los mitos nórdicos
es el gigante Thrymr, engañado
por el dios Thor.

MINIBIOGRAFÍAS
EL MINOTAURO
Monstruo con cuerpo de hombre
y cabeza de toro
Véase página 62

MEDUSA Y LAS GORGONAS
Monstruos con serpientes
por cabellos
Véase página 64

CERBERO
El perro del Hades, de tres
cabezas
Véase página 66

TEXTO EN 30 SEGUNDOS
William Hansen

*La fuerza bruta
de Polifemo no
está a la altura
del ingenio de Odiseo.*

20 de marzo de 43 a. C.
Nace en Sulmona, Italia

29-25 a. C.
Se dedica a la poesía
a tiempo completo

25 a. C.
Realiza su primer recitado
en público

19 a. C.
Compone *Las heroidas*
(Las heroínas)

16-15 a. C.
Compone *Los amores*

8-3 a. C.
Segunda edición de *Los
amores*

2 d. C.
Compone *Ars amatoria*
(*Arte de amar*) y *Remedia
amoris* (*Remedios
de amor*)

8 d. C.
Compone
Las metamorfosis;
comienza a trabajar
en *Los fastos*

8 d. C.
Exiliado en Tomis (actual
Constanza, Rumanía)

9-12 d. C.
Compone *Tristes*

17/18 d. C.
Muere en el exilio

1595
Traducción al castellano
de *Las metamorfosis*
por Jorge de Bustamante

1981
Antonio Ruiz de Elvira
Prieto traduce *Las
metamorfosis* al
castellano

OVIDIO

Ovidio (Publius Ovidius Naso)

es uno de los poetas romanos más queridos. Fue inmensamente popular en su época y muy imitado por los escritores medievales.

Una de sus obras más populares, aún leída hoy en día y fuente de una gran parte de nuestros conocimientos actuales sobre la mitología clásica, es la magna *Las metamorfosis*, que ofrece la original visión de Ovidio sobre 250 mitos. La temática de esta obra gira en torno a la transitoriedad de todo en el cosmos. No hay un único personaje principal en la obra, e incluso se ignora el orden cronológico. La metamorfosis principal es la de los dioses actuando como los humanos, hasta el punto de convertirse en unos personajes más al inicio de la obra, y los humanos convirtiéndose en dioses al final de esta. A lo largo de todo el relato se describen las relaciones mayoritariamente infelices, provocadas por el amor o la falta de este, entre los dioses y los humanos por una parte y entre los humanos entre sí por la otra.

Se tienen bastantes datos sobre Ovidio porque él mismo los dejó escritos. Cursó estudios de abogacía y se volcó en la poesía a los 19 años. Amigo de Horacio, mantuvo una intensa relación epistolar con Virgilio, y se convirtió en el maestro de los pareados elegíacos (una forma de poesía lírica). Su primera gran obra, *Las heroidas*, es una colección de cartas de amor ficticias de las heroínas míticas a sus amantes irresponsables, ausentes o fugados. Luego le siguió *Amores*, una serie de epístolas amorosas a una amante ficticia, Corinna, aunque su auténtico éxito fue sin duda *Ars amatoria* (*El arte de amar*), una guía en tres volúmenes sobre el amor, la seducción y el sexo para ambos géneros. Después escribió la secuela, *Remedia amoris* (*Remedios de amor*). También ha llegado hasta nuestros días un fragmento de *Medicamina Faciei Feminae* (*Cosméticos para el rostro femenino*) probablemente el primer libro sobre consejos de belleza para mujeres.

Las metamorfosis fueron completadas en el año 8 d. C., justo antes de que Augusto enviara a Ovidio al exilio, en concreto al mar Negro. Hay quien dice que fue exiliado debido a su entusiasmo por el adulterio en una época en la que Roma propugnaba la monogamia, o quizá a razones políticas. Murió en el exilio, no sin antes escribir su obra magna, *Los fastos*, una expresión de los ideales augustos basados en el calendario romano.

LAS ARPÍAS

el mito en 30 segundos

MUSA EN 3 SEGUNDOS
Las arpías –su nombre
significa «saqueadoras»–
son mujeres-pájaro
demoníacas. Simbolizan
la crueldad y la rapacidad,
y son la personificación de
los vientos tormentosos.

ODISEA EN 3 MINUTOS
Virgilio coloca a las
arpías en la entrada
del inframundo, y en el
Inferno de Dante vigilan
el bosque de los Suicidas,
rasgando con malicia
la corteza y las hojas
de las almas de los suicidas
que se han transformado
en árboles. Realizan
una memorable aparición
moderna en *La materia
oscura: El catalejo lacado*
de Philip Pullman, como
guardianas de la tierra
de la muerte, crueles y
burlonas, pero hambrientas
de historias auténticas
sobre el mundo exterior.

Las arpías aparecen por vez primera en
la literatura griega de manera incongruentemente
encantadora. Para Hesíodo, son las diosas de las
nubes de tormenta en movimiento, «de hermosa
cabellera», manteniéndose a la par «sobre sus
veloces alas con las ráfagas de viento y los pájaros».
Más tarde, predominaron las implicaciones más
desagradables de su nombre, «saqueadoras».
Así, las arpías clásicas son monstruos, aves con cara
de mujer, con muy mal carácter y peores hábitos,
voces chillonas y garras como las de las rapaces
que arrebatan y se llevan a cualquier persona o cosa.
Fueron enviadas como «sabuesos de Zeus» para
atormentar al rey Fineo, el profeta ciego, por haber
revelado los secretos del padre de los dioses,
arrebatándole la comida de las manos o cubriéndola
de excrementos. Los argonautas de Jasón acudieron
al rescate del rey hambriento, y los dos hijos alados
de Bóreas, el viento del norte, persiguieron a las
arpías hasta las islas Estrófades. Allí se enfrentaron
más tarde a Eneas y a sus seguidores burlándose
de ellos con profecías de inanición. La palabra
arpía, como símbolo de codicia y mala intención,
se ha aplicado tanto a políticos como a abogados
y recaudadores de impuestos, pero hoy en día se
aplica casi exclusivamente como menosprecio
sexista para describir a una mujer aviesa.

MITOS RELACIONADOS
Las arpías, aunque son
genuinamente griegas,
son como las diosas celtas
de la guerra y la muerte, que
a menudo adquirían la forma
de cuervos depredadores.

MINIBIOGRAFÍAS
ZEUS/JÚPITER
Rey del Olimpo, dios del cielo
Véase página 32

ENEAS
Héroe y príncipe troyano,
antepasado de los romanos
Véase página 104

JASÓN Y MEDEA
Héroe explorador, líder de
los argonautas, y su esposa
Véase página 122

TEXTO EN 30 SEGUNDOS
Geoffrey Miles

*Pájaros monstruosos
con cabeza de
mujer, las arpías
son las despiadadas
y maliciosas
«sabuesas de Zeus».*

LAS ERINIAS

el mito en 30 segundos

MUSA EN 3 SEGUNDOS
Las erinias, conocidas por los romanos como las furias, eran deidades que castigaban a quienes derramaban la sangre de un familiar. En ocasiones eran conocidas de modo eufemístico como «euménides», que significa «las amables».

ODISEA EN 3 MINUTOS
Las erinias eran vengadoras implacables, que castigaban los delitos de sangre con independencia de las circunstancias, considerando la situación de manera imparcial. Los conceptos similares sobre las consecuencias inevitables de las acciones quedaron personificados por Dike («justicia») y Némesis («castigo»). Incluso los crímenes accidentales, como caminar sobre un terreno sagrado, suponían un castigo automático. Se nos dice, quizá de manera apócrifa, que el aspecto de las furias en acción era tan terrible que los niños se desmayaban y las mujeres sufrían abortos.

Las erinias eran las deidades de la venganza y en algunas versiones del mito nacieron de la sangre que cayó a la tierra (Gea/Gaia) cuando Cronos castró a su padre, Urano. Otros relatos las presentan como hijas de Nyx, diosa de la noche. Los griegos las consideraban muy numerosas, mientras que los romanos, que las denominaron furias, las redujeron a solo tres, de nombre Alecto, Tisífone y Megera. Castigaban a los mortales que cometían el acto antinatural de matar a un pariente de sangre, y representaban el horror de matar a un familiar. Nacidas como mujeres viejas con garras en lugar de manos y serpientes en lugar de cabello, perseguían a los ofensores como animales y los volvían locos con sus conjuros. Sus víctimas más famosas fueron Alcmeón y Orestes, que cometieron matricidio para vengar a sus padres. En *Las euménides*, Esquilo las presenta persiguiendo a Orestes hasta que Atenea las pacifica y sustituye su régimen de venganza con un sistema legal de justicia. Las erinias también podían ser invocadas cuando un progenitor maldecía a su hijo para castigarlo. Amíntor maldijo a su hijo Fénix por dormir con su amante, Altaia hizo lo propio con su hijo Meleagro después de matar a sus hermanos, y se dice que Edipo maldijo a sus hijos cuando lo tomaron prisionero después de conocer su incesto y parricidio.

MITOS RELACIONADOS
Las erinias eran como las gorgonas, tres hermanas con serpientes en lugar de cabellos, que convertían en piedra a cualquier persona que las mirase.

MINIBIOGRAFÍAS
URANO
Padre cielo junto a Gea/Gaia, madre tierra
Véase página 22

DELFOS
Emplazamiento del oráculo délfico
Véase página 90

ESQUILO
Dramaturgo trágico ateniense del siglo. v a. C.
Véase página 100

EDIPO
Rey de Tebas, figura griega trágica que mató a su padre y desposó a su madre
Véase página 116

TEXTO EN 30 SEGUNDOS
Emma Griffiths

Conocidas por los romanos como las furias, estas hermanas vengan, sobre todo, los parricidios o matricidios.

GEOGRAFÍA

aqueos Pueblo que habitaba la Acaya, una región del norte del Peloponeso, durante el período micénico. El término es empleado por Homero para referirse a los grupos que compusieron las fuerzas griegas que sitiaron Troya. La Liga aquea fue una confederación de 12 ciudades-estado de la región.

ambrosía Término empleado para describir el alimento de los dioses del Olimpo. En la mayoría, pero no en todos los casos, la ambrosía era la comida los dioses y el néctar, la bebida. Los dioses también alimentaban a sus caballos con ambrosía, y Atenea se la ofreció a Heracles nada más volverse inmortal. El rey de Frigia, Tántalo, habiendo sido invitado a comer con los dioses, fue vetado del Tártaro por, entre otras cosas, intentar robar la ambrosía para repartirla entre sus congéneres humanos.

caballo de Troya El gigantesco caballo de madera en el que 30 soldados griegos, entre ellos Odiseo, lograron acceder a Troya. Bajo las órdenes de este último, los griegos construyeron el enorme caballo aparentemente para honrar a la diosa Atenea, cuyo templo habían destruido durante la guerra y así poder asegurarse un retorno seguro hasta Grecia. Entonces la flota griega aparentó partir. Los troyanos, engañados por Sinón, arrastraron el caballo hasta la ciudad y comenzaron a celebrar la partida de los griegos. Mientras todo el mundo dormía, Sinón abrió el caballo para dejar salir a los soldados, quienes abrieron las puertas de la ciudad para permitir el paso a las fuerzas griegas que habían vuelto y comenzaron el saqueo de Troya.

cosmos De la palabra griega *kosmos* («orden» o «belleza»). En la antigua cosmogonía griega, el cosmos emergió del enorme vacío del Caos, el estado primordial de la materia. En contraste con la Biblia, en la cual Dios crea al mundo pero no sale de él, el punto de vista griego de la creación, según se relata en la *Teogonía* de Hesíodo, es que la aparición de los dioses es análoga a la creación del mundo.

musas Diosas que inspiraban la creatividad en la música, la danza, la literatura, el arte y la ciencia y de donde derivan las palabras *música*, *museo* y *mosaico*. Inspirar significaba infundir la creatividad pero no impartir el contenido, como ocurre en una revelación. Se considera que existían nueve musas, cada una de las cuales era responsable de un arte específico. Según Hesíodo, eran hijas de Zeus y Mnemósine, la diosa asociada a la memoria. En otras versiones se las representa como las primeras hijas primordiales de Gea/Gaia y Urano.

néctar El sustento líquido de los dioses del Olimpo.

profecías Predicciones transmitidas a través de los oráculos, como los de Dodona y Delfos. Se daba mucho valor a los vaticinios de los oráculos, a pesar de su frecuente Ambigüedad. Uno de los ejemplos más notorios de profecía ambigua es el que se refiere al joven Edipo, a quien se informó de que, si volvía a casa, mataría a su padre y dormiría con su madre. Edipo supuso que el hogar al que se refería el oráculo era aquel en el que se encontraba viviendo por aquel entonces, Corinto, de manera que para evitar la profecía se dirigió a Tebas, donde había nacido (hecho que él desconocía); y el resto es historia. Las profecías también se revelaban en sueños. Aunque se aceptaban como ciertas, también se creía que podían evitarse, como en el caso de Edipo y su padre Layo, como ya se ha mencionado antes: estaban equivocados.

psicopompo Nombre con el que se designa a una entidad que guía a las almas recién fallecidas al más allá. Se encuentran psicopompos en varias religiones. Entre los ejemplos clásicos se encuentran Caronte, Hermes, Hécate y Morfeo.

EL OLIMPO

el mito en 30 segundos

Con 2.917 m de altura, el Olimpo es la montaña más alta de Grecia y uno de los picos más elevados de Europa. Forma parte de la cordillera que separa la llanura de Macedonia de Tesalia. Hasta donde se ha conseguido averiguar, ningún griego antiguo lo llegó a escalar y, para la mitología griega, era el hogar de las deidades. Allí, más allá de las nubes, tenían su palacio los dioses del Olimpo, salvo Poseidón y Hades, que moraban en el mar y en el infierno respectivamente. Los dioses olímpicos vivían tomando ambrosía y néctar (es muy probable que ambas palabras signifiquen «inmortal»). En sus celebraciones, Apolo cantaba y tocaba la lira, del mismo modo que los poetas entretenían a sus oyentes en las cortes terrenales, mientras que las musas lo acompañaban con cantos corales. Al atardecer, los dioses se retiraban a sus aposentos privados, construidos por Hefesto. A pesar de que vivían eternamente en un paraíso divino, el Olimpo era más bien terrenal y no un lugar trascendente y espiritual.

MUSA EN 3 SEGUNDOS
El Olimpo era la montaña donde habitaban los dioses en un hermoso palacio, disfrutando de una fiesta interminable bajo la atenta mirada de Zeus.

ODISEA EN 3 MINUTOS
Otus («fatalidad») y Efialtes («pesadilla»), hijos de Poseidón, decidieron atacar el Olimpo. Para alcanzar la altura necesaria, apilaron el Osa y el Pelión, otras montañas de Tesalia, uno encima del otro. Artemisa, transformada en cierva, saltó entre ellos y, al querer alcanzarla, los hermanos se atravesaron con sus propias flechas.

MITOS RELACIONADOS
La bíblica Torre de Babel fue un intento de alcanzar y, por tanto, de igualarse, si no de derrocar, a Dios.

MINIBIOGRAFÍAS
ZEUS/JÚPITER
Rey del Olimpo, dios del cielo
Véase página 32

HERA/JUNO
Reina de los dioses, esposa de Zeus/Júpiter
Véase página 34

HEFESTO/VULCANO
Dios de la forja, herrero de los dioses
Véase página 38

APOLO
Dios de la música, de la profecía y, más tarde, del Sol
Véase página 42

TEXTO EN 30 SEGUNDOS
Barry B. Powell

Hogar de la mayoría de los dioses, el Olimpo es un paraíso en el que continuamente se celebran fiestas y se toca música.

HADES

el mito en 30 segundos

MUSA EN 3 SEGUNDOS
En la cosmogonía griega
(en relación al origen
del universo), Hades
era el lugar en el que
residían los seres humanos
tras su fallecimiento, y
también era el nombre del
gobernante de los muertos.

ODISEA EN 3 MINUTOS
La casa de Hades no
era en primera instancia
un reino para el castigo
o la recompensa, sino
más bien un lugar al que
iban los humanos una
vez muertos, ya hubieran
vivido una vida moral
o no. Sin embargo, algunas
almas conservaban sus
cuerpos y recibían un
tratamiento excepcional,
ya fuera para bien o para
mal. Por ejemplo, Sísifo
fue obligado a empujar
una enorme piedra cuesta
arriba por una ladera
empinada, pero antes
de que alcanzase la cima de
la colina la piedra siempre
rodaba hacia abajo, de
modo que tenía que
empezar de nuevo.

Según la mitología griega, tras su muerte
casi todos los seres humanos se dirigían a un reino
subterráneo regido por los terroríficos rey y reina
de los muertos, Hades y su esposa Perséfone.
Este inframundo era conocido como Casa de Hades,
lo que sugería una construcción, o, sencillamente,
Hades. Otro de los nombres con el que se conocía
era Érebo («oscuridad»), que quiere decir región
tenebrosa, en la que vagaban los espíritus de
los muertos. En el Hades había ríos y lagos cuyos
nombres denotaban el sufrimiento, como el Aqueronte
(«aflicción»), el Cocito («lamentaciones») y el Flegetonte
(«fuego»). A pesar de que está ampliamente reconocido
que las aguas del Estigia separan el Hades del mundo
de los vivos, era el Aqueronte donde el barquero
Caronte accedía a pasar las almas de los difuntos
a cambio del óbolos. Alternativamente, Hermes
Psicopompo («escolta de las almas») acompañaba
a los espíritus de los muertos a través del aire a su
nueva morada. Una vez que los difuntos pasaban por
la puerta del Hades, el perro de Hades, un monstruo
de tres cabezas, de nombre Cerbero, se aseguraba de
que los muertos no salieran y de que los vivos no
pudieran entrar. A pesar de que los espíritus tenían
semejanza con sus anteriores personas, de modo
que eran reconocibles y conservaban su personalidad
y sus recuerdos, no poseían más sustancia que el
humo o los reflejos en el agua. No podían disfrutar
de los placeres sensoriales, no comían, ni conversaban
ni reflexionaban. En lugar de ello, pasaban la eternidad
en un estado inactivo, en un reino de oscuridad.

MITOS RELACIONADOS
En numerosas mitologías se
habla de un reino en el que los
mortales continúan existiendo
tras su muerte. Ejemplos de ello
se pueden encontrar en la casa
de Yama (India), Sheol (Israel),
Niflheim (Escandinavia) y la casa
de Donn (Irlanda).

MINIBIOGRAFÍAS
CERBERO
El perro de Hades, de tres cabezas
Véase página 66

EL TÁRTARO
El gran foso, una prisión cósmica
para dioses y monstruos
vencidos
Véase página 86

HERACLES/HÉRCULES
Héroe griego de una fuerza
portentosa
Véase página 96

TEXTO EN 30 SEGUNDOS
William Hansen

*El reino del inframundo
está presidido por
el rey de los muertos.*

480 a. C.
Nace en Salamina, Grecia

455 a. C.
Primer concurso en
la ciudad de Dionisia

441 a. C.
Ganador del primer
premio en la ciudad
de Dionisia

h. 406 a. C.
Muere en Macedonia

405 a. C.
Se representan,
en la ciudad de Dionisia,
Las bacantes e *Ifigenia
en Áulide*, por la que
obtiene el primer
premio a título póstumo

h. 200 d. C.
Se publican diez de
las obras de Eurípides

2000
Alberto Medina González
traduce al castellano
Alcestis, Medea
e *Hipólito*; J. A. López
Férez traduce al castellano
Los heráclidas

EURÍPIDES

Junto con Esquilo y Sófocles, Eurípides fue uno de los tres grandes poetas trágicos griegos de la Antigüedad, y probablemente el que resulta más familiar al público contemporáneo. Esto se debe, en parte, a que unas 18 de sus quizá 92 obras han sobrevivido intactas, y muchas de ellas se representan en la actualidad. Sus argumentos son más complejos que los de Esquilo o Sófocles, el papel del coro es menos importante y los personajes aparecen desarrollados con mayor profundidad. Sobre todo, le confiere «psicología», atribuyéndoles motivaciones realistas, aunque en ocasiones lamentables. Por lo general se ha dicho de Eurípides que escribe sobre los seres humanos tal y como son, y no como deberían de ser.

En la mitad de sus obras, introduce, hacia el final, la aparición repentina de un dios suspendido de una grúa (la técnica denominada *deus ex machina*, «dios surgido de la máquina»), ya que sirve para aclarar la confusión que, de no aparecer, quedaría irresoluta. Algunas voces de la Antigüedad, como Aristóteles, criticaron esta práctica al considerar que la resolución debía surgir de la obra en sí y no a partir de algo externo que se introduce a la historia.

Se desconoce si Eurípides era o no creyente. Si no lo hubiera sido, *deus ex machina* sería casi una caricatura de la devoción fundamental hacia los dioses. En cualquier caso, los tacha de crueles, caprichosos y, sobre todo, irracionales. Visto desde esta perspectiva, desea reformar, no rechazar, el concepto mismo de divinidad. En su rechazo a arrodillarse

ante los dioses, rompe tanto con Esquilo como con Sófocles. Como mucho, considera irracional la creencia en los dioses por sí mismos. Llegado a este punto, transforma a estos últimos en proyecciones de las características humanas, que es precisamente lo que hicieron en época más moderna Friedrich Nietzsche y Sigmund Freud. El propio Nietzsche asume que Eurípides no es ateo y su *deus ex machina* es un intento de reivindicar a los dioses como fuerzas de racionalismo y moderación.

En su tiempo, Eurípides fue el menos popular de los tres trágicos. Solo obtuvo cinco premios del festival de la ciudad de Dionisia, y uno de ellos a título póstumo. Uno de los motivos podría ser su simpatía, valiente y provocadora, por las mujeres, sobre todo por aquellas que sufrían malos tratos a manos de los hombres. De hecho, presenta una galería de heroínas llenas de fuerza, aunque imperfectas. Una de sus heroínas más destacadas es Medea, que salva la vida de su marido Jasón, quien la abandona poco después por otra mujer. Otra de sus heroínas es Electra, quien, junto con Orestes, asesina a su madre Clitemnestra. Otro de los motivos de la impopularidad de este genial dramaturgo era su implacable condena a las guerras.

Sabemos poco de la vida personal de Eurípides, salvo que contrajo matrimonio en dos ocasiones y que, supuestamente, escribió sus obras en lo que hoy en día se conoce como la Cueva de Eurípides en Siracusa.

EL TÁRTARO

MUSA EN 3 SEGUNDOS
El Tártaro es una enorme prisión subterránea para dioses vencidos y monstruos, así como para algunos mortales.

ODISEA EN 3 MINUTOS
Al igual que otras partes del mundo cósmico, como Gea/Gaia (Tierra), Urano (Cielo) y el Hades (reino de los muertos), el Tártaro es, al mismo tiempo, un lugar y una deidad: como lugar, es una prisión, y como deidad, es el hijo de Gea/Gaia, con quien se aparea.

El Tártaro es el lugar más profundo de todos los que componen el cosmos. Hesíodo afirma que, si un yunque de bronce cayera desde el cielo, tardaría diez días en alcanzar la Tierra, y que si cayera desde la Tierra, tardaría diez días más en alcanzar el Tártaro. Por tanto, este último se halla tan lejos de la Tierra como el mundo de los vivos lo está del cielo. El Tártaro funciona como una prisión cósmica. Los dioses y los monstruos pueden ser derrotados, pero debido a que se trata de seres sobrenaturales, por lo general no están sujetos a la muerte. ¿Qué deben hacer entonces los dioses regentes con aquellos enemigos poderosos a los que han vencido pero a los que no pueden dar muerte? Los sitúan, de forma indefinida, en el Tártaro. Es allí donde los dioses del Olimpo encarcelaron a sus adversarios, los titanes, y es allí donde Zeus confinó al enorme monstruo Tifón tras derrotarlo. Debido a que los prisioneros cuentan con una gran fuerza, el Tártaro se halla rodeado por un muro de bronce y, a causa del enorme tamaño de los vencidos, ocupa una enorme superficie. Según Hesíodo, una persona que cruzara el umbral de su puerta de bronce sería zarandeada por fuertes vientos durante un año entero antes de llegar a su fondo. El Tártaro es, asimismo, la prisión de los humanos que han ofendido o desafiado a los dioses, como es el caso de Sísifo y Tántalo.

MITOS RELACIONADOS
En muchas tradiciones míticas, los seres sobrenaturales solo pueden ser confinados y no asesinados. Por ejemplo, en la mitología nórdica, el dios Loki y el enorme lobo Fenrir son encadenados por los dioses gobernantes.

MINIBIOGRAFÍAS
GEA/GAIA
Madre tierra
Véase página 18

URANO
Dios del cielo
Véase página 22

HADES
Dios del inframundo
y del reino de los muertos
Véase página 82

TEXTO EN 30 SEGUNDOS
William Hansen

Tártaro es tanto una divinidad por derecho propio como el feudo que esta misma controla.

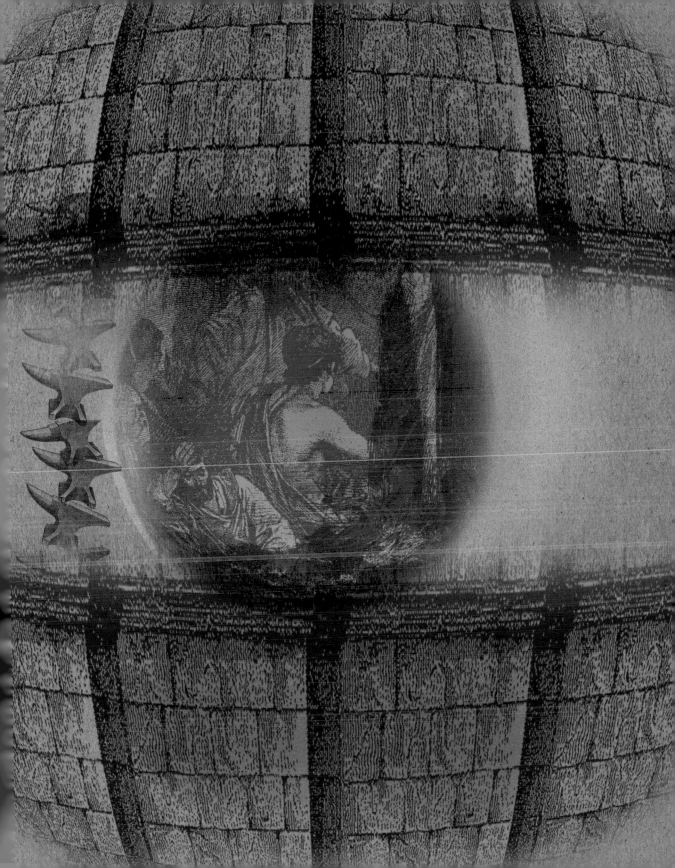

TROYA

el mito en 30 segundos

MUSA EN 3 SEGUNDOS
Troya fue una ciudad
legendaria sitiada durante
diez años por los griegos.
La guerra de Troya se ha
convertido en la historia
de guerra prototípica
en la cultura occidental.

ODISEA EN 3 MINUTOS
Si los antiguos griegos
asumieron que Troya y la
guerra que tuvo lugar en
dicha ciudad formaban
parte del mundo real,
los historiadores las
consideraron durante
mucho tiempo invención.
Durante la década de 1870,
el arqueólogo-aventurero
alemán Heinrich Schliemann
aseguró haber descubierto
las ruinas de Troya en Hisarlik,
Turquía. Las excavaciones
a gran escala continúan
hoy en día, y numerosos
expertos afirman que
Troya existió, del mismo
modo que tuvieron lugar
la guerra y el asedio; sin
embargo, se desconoce
si tuvo lugar tal y como
se explica en la *Ilíada*.

Según la mitología griega, Troya
era una gran ciudad situada en la costa occidental
de la actual Turquía, así como el escenario de una
guerra épica «entre los troyanos, domadores de
caballos, y los aqueos, armados con bronce».
La guerra se inició cuando Paris, hijo del rey troyano
Príamo, fue en búsqueda de la mujer más hermosa
del mundo y regresó con Helena, esposa de Menelao,
rey de Esparta. En respuesta a ello, Agamenón,
hermano de Menelao, dirigió un millar de naves
griegas en una expedición de «choque y temor»
en contra de Troya. Pero del mismo modo que la
guerra de Iraq, el asedio duró muchos años. Bajo
las murallas de Troya lucharon, pelearon y murieron
héroes de ambos bandos (Héctor, Aquiles, Áyax),
mientras los dioses observaban e intervenían
de forma continuada. Al final, la ciudad, que había
resistido a las fuerzas atacantes, cayó frente a la
astucia de Odiseo, a quien se atribuye la construcción
del «caballo de Troya», un enorme trofeo de madera
que los troyanos arrastraron hasta el interior de la
ciudad, sin darse cuenta de que dentro se escondían
soldados griegos. Troya ardió, Menelao rescató a
Helena y algunos griegos consiguieron volver a su
hogar. Desde Homero, pasando por Eurípides, Virgilio,
Chaucer y Shakespeare, hasta la película de 2004
Troya, la guerra de Troya se ha convertido en la
imagen por antonomasia de la gloria, la brutalidad
y la tragedia de la guerra.

MITOS RELACIONADOS
Leyendas de proporciones
épicas similares en otras
culturas incluyen la india
Mahabharata, la germana
Nibelungenlied y la francesa
Chanson de Roland.

MINIBIOGRAFÍAS
HOMERO
Poeta épico de la Grecia antigua,
autor de la *Ilíada* y la *Odisea*
Véase página 44

AQUILES
Héroe de la *Ilíada*; el más
importante de la guerra de Troya
Véase página 98

ODISEO/ULISES
Rey de Ítaca y gran estratega
de la guerra de Troya
Véase página 102

ENEAS
Héroe y príncipe troyano,
antepasado de los romanos
Véase página 104

TEXTO EN 30 SEGUNDOS
Geoffrey Miles

*La conquista de Troya
es uno de los relatos
más perdurables
de la mitología griega.*

DELFOS

el mito en 30 segundos

MUSA EN 3 SEGUNDOS
Delfos era el hogar del oráculo, un lugar sagrado donde Apolo pronunciaba sus profecías a través de las voces de sus pitonisas.

ODISEA EN 3 MINUTOS
El templo de Apolo en Delfos tenía dos lemas: «Nada en exceso» y «Conócete a ti mismo». Es posible que el consejo ambiguo del oráculo refleje la importancia de estas celebérrimas máximas psicológicas. Una admonición similar puede obtenerse del mito de Casandra: Apolo, que la amaba, le concedió el don de la profecía, pero cuando ella se negó a corresponder a su amor, el dios maldijo el don haciendo que nadie creyera jamás en sus predicciones.

Delfos fue el ombligo del universo mitológico. Se dice que Zeus mandó volar dos águilas desde puntos opuestos para encontrar el centro del mundo; y se encontraron aquí, en Delfos, donde una piedra cónica llamada «ónfalo» (de la palabra griega para «ombligo») muestra el lugar. Delfos fue inicialmente un centro religioso consagrado a las diosas Gea/Gaia, Temis y Febe, antes de que pasara a ser posesión de Apolo, una vez que este matara a la serpiente Pitón. Las profecías de Apolo se transmitían a través de las pitonisas, que entraban en trance probablemente tras ingerir hojas de castaño. Los arqueólogos sugieren que es posible que la geología de Delfos diera origen al mito, ya que del profundo precipicio en el acantilado junto al que se encontraba emergían gases alucinógenos. El oráculo podía ser muy específico. A modo de ejemplo, a Layo, padre de Edipo, se le dijo que si tenía un hijo, este le acabaría dando muerte. Por otra parte, el oráculo era conocido también por proporcionar informaciones ambiguas. Edipo, al saber que no era el hijo de los reyes de Corinto, preguntó al oráculo quiénes eran sus padres verdaderos. Las pitonisas, sin revelarle el secreto de su nacimiento, le anunciaron que mataría a su padre y que cometería incesto con su madre. Al dar por supuesto que el oráculo se refería a sus padres de Corinto, abandonó esa ciudad y se dirigió a Tebas.

MITOS RELACIONADOS
El papel de la fuente de Castalia, que se utilizaba para la purificación en Delfos, recuerda al mito nórdico del profeta Mimir, quien protegía el pozo situado al pie del árbol del mundo.

MINIBIOGRAFÍAS
ZEUS/JÚPITER
Rey del Olimpo, dios del cielo
Véase página 32

APOLO
Dios del Sol, de la música y de la poesía
Véase página 42

EDIPO
Figura griega trágica, que mató a su padre y desposó a su madre
Véase página 116

TEXTO EN 30 SEGUNDOS
Emma Griffiths

El ombligo del mundo, Delfos es el centro espiritual de Apolo y hogar del oráculo que lleva su mismo nombre.

HÉROES

centauros Raza de seres con torso y cabeza humanos y cuerpo de caballo, que encarnan una naturaleza salvaje e indómita. A menudo se los representa como los seguidores lujuriosos y embriagados de Dioniso. Una excepción es el centauro Quirón, tutor de varios héroes, entre ellos Aquiles, Áyax, Teseo y, en algunas versiones, Heracles, quien fue conocido por su inteligencia y no solo por su fuerza. A pesar de que, por lo general, los centauros se representan como seres masculinos, también existen versiones femeninas, que reciben el nombre de «centáurides».

Campos Elíseos Región sagrada de los infiernos la cual, al contrario que el Hades, es el equivalente al cielo cristiano. Mientras que prácticamente todos, al morir, iban al Hades (salvo aquellos condenados al Tártaro), solo unos pocos llegaban a los Campos Elíseos, el lugar sagrado donde las sombras de los hombres virtuosos y los guerreros heroicos llevaban una existencia feliz. Un ejemplo es el padre de Eneas, Anquises, al que Virgilio describe llevando una vida en un reino de una primavera perpetua. Según una fuente, Cronos gobernaba en los Campos Elíseos. A pesar de que aparecen mencionados en la *Odisea*, Odiseo nunca los visitó. Por el contrario, en la *Eneida* de Virgilio, Eneas sí lo hace para hablar con su padre, Anquises.

doce trabajos, los Serie de episodios arcaicos relacionados con la penitencia llevada a cabo por Heracles tras matar a su esposa y a sus hijos durante un ataque de locura provocado por su antigua enemiga Hera. Una vez recuperada la cordura y consciente de lo que había hecho, acudió a Delfos para consultar al oráculo qué debía hacer para expiar su culpa. La sibila délfica le dijo que debía servir durante doce años al rey Euristeo, quien, además, determinaría los trabajos que debía cumplir. El orden tradicional de los trabajos es: 1) matar al león de Nemea; 2) matar a la hidra de Lerna; 3) capturar a la cierva de Cerinia; 4) capturar al jabalí de Erimanto; 5) limpiar los establos de Augías; 6) matar a los pájaros del Estínfalo; 7) capturar al toro de Creta; 8) robar las yeguas de Diomedes; 9) robar el cinturón de Hipólita; 10) robar el ganado de Gerión; 11) robar las manzanas del jardín de las Hespérides, y 12) capturar a Cerbero.

Eneida Este poema épico escrito por Publio Virgilio Marón relata la historia de Eneas, un príncipe troyano quien, tras una serie de aventuras, finalmente se establece en el Lacio, donde funda lo que con el tiempo se convertiría en Roma. Organizada en 12 libros y escrita entre los años 29 y 19 a. C., toma prestados elementos de la *Ilíada* y la *Odisea*. Al mismo tiempo, hace referencia y rinde tributo a las hazañas y el gobierno del por aquel entonces emperador, Augusto.

Estigia Quizá el más célebre de los ríos que fluyen en el reino subterráneo del Hades. Se decía que circundaba siete o nueve veces este último para delimitar la frontera entre el mundo de los vivos y el de los muertos. Considerado sagrado incluso para los propios dioses, fue el río en el que Tetis bañó a su hijo Aquiles, lo que le otorgó la invulnerabilidad, a excepción del talón, por el que su madre lo sujetó al sumergirlo y que se convirtió así en su único punto vulnerable.

grayas Dos o, por lo general, tres hermanas de las gorgonas. Compartían un único ojo y un único diente. Eran las hijas de Forcis y Ceto y, al igual que sus padres, eran diosas del mar ancianas. Suelen aparecer representadas como arpías viejas y grises, aunque en ocasiones presentan también cuerpos de cisne; Perseo les robó el ojo y el diente con el fin de obligarlas a revelar el secreto de las gorgonas.

Ilíada Poema épico griego, atribuido a Homero, que relata los acontecimientos ocurridos durante unos meses del último año de la guerra de Troya, si bien incluye numerosas referencias a acontecimientos previos. Escrita hacia el siglo VIII a. C., el libro se divide en 24 cantos o rapsodias, y hace referencia a los temas universales del destino y el libre albedrío, la divinidad y la humanidad, el orgullo y la gloria, la compasión, el amor y el odio, así como la vida y la muerte. Es una de las obras más influyentes de la literatura occidental.

sirenas Tres ninfas marinas que utilizaban su canto, de un atractivo irresistible, para llevar a la perdición a los marinos que se acercaban a las rocas de la isla donde vivían. Deméter las maldijo con cuerpos de ave por no evitar que su hija Perséfone fuera raptada por Hades. Jasón y sus argonautas evitaron el desastre gracias a Orfeo, cuyas tonadas impidieron que enloquecieran con el canto de las sirenas. Odiseo ordenó a sus hombres que se taparan los oídos para no escucharlas, pero él se ató al mástil para de ese modo poder oír al tiempo que se resistía al canto.

HERACLES/HÉRCULES

el mito en 30 segundos

MUSA EN 3 SEGUNDOS

Heracles, conocido por los romanos como Hércules, era el hijo de Zeus y Alcmena. Fue el más célebre de los héroes clásicos y, tras alcanzar la semidivinidad, se unió a los dioses del Olimpo.

ODISEA EN 3 MINUTOS

Heracles destacaba no solo por sus extraordinarias proezas de fuerza y resistencia, sino también por su inteligencia, habilidad y dotes musicales. Entre sus rasgos figuran un temperamento excesivo, un vigor sexual que le permitió hacer el amor con cincuenta vírgenes en una sola noche, y una tendencia a los ataques de locura, durante los cuales producía atrocidades, como el asesinato de sus hijos y su esposa Megara. Como castigo a tan terrible hecho, hubo de realizar los doce célebres trabajos.

El nombre de este héroe de la mitología griega significa «gloria de Hera», curiosamente la mayor de sus adversarias. Humillada por su esposo Zeus, que se había enamorado de otra mujer, actuó en contra de Heracles incluso antes de su nacimiento. Aseguró a Euristeo, su gran rival mortal, el reinado que Zeus tenía destinado a Heracles. Cuando Hera envió dos serpientes para matarlo mientras dormía en la cuna, Heracles las estranguló, lo que demostró la fuerza que más adelante le ayudaría a llevar a cabo sus hazañas, además de los doce trabajos. Estos le llevaron desde su hogar en el Peloponeso hasta lugares exóticos, así como el límite del mundo conocido y el inframundo. Murió, a manos de una de sus víctimas, el centauro Neso, a quien había matado mientras intentaba violar a su esposa Deyanira. Al creer que se trataba de una poción de amor, Deyanira le ofreció a Heracles una túnica teñida con la sangre del centauro, creyendo que con ello impediría que amara a otras mujeres. Apenas se la puso, el veneno hizo sentir su funesto efecto y penetró a través de la piel hasta sus huesos; intentó en vano arrancarla, pero la túnica estaba tan pegada a la piel que sus pedazos arrastraban tiras de carne. Así, Heracles constituyó una pira, se echó encima y pidió que se prendiera fuego. Tras su muerte, Atenea lo transportó en su carro al Olimpo. El matrimonio de Heracles con Hebe simboliza su renacer divino al tiempo que marca su reconciliación con la madre de Hebe, su antigua enemiga Hera.

MITOS RELACIONADOS

Tal y como era considerado en la Antigüedad, Heracles puede compararse con Melcarte, el «Heracles tasio» (Herodoto 2,44). También existen paralelismos con las figuras bíblicas de Sansón y Goliat.

MINIBIOGRAFÍAS

ZEUS/JÚPITER
Rey del Olimpo, dios del cielo
Véase página 32

HERA/JUNO
Reina de los dioses, esposa de Zeus/Júpiter
Véase página 34

TEXTO EN 30 SEGUNDOS
Susan Deacy

Heracles, el más destacado de todos los héroes griegos, es conocido sobre todo por sus doce trabajos. El primero de ellos consistió en matar a un famoso león y el último, en capturar al can Cerbero y llevarlo a la superficie de la tierra.

AQUILES

el mito en 30 segundos

MUSA EN 3 SEGUNDOS
Héroe griego indiscutible de la guerra de Troya, escogió una vida breve llena de gloria antes que una existencia larga en el anonimato.

ODISEA EN 3 MINUTOS
En algunas versiones del mito, Aquiles fue transportado a los Campos Elíseos y se casó con Medea, pero en la *Odisea* su sombra se le aparece a Odiseo (Ulises), ante quien lamenta su decisión de morir joven y vivir la eternidad en el Hades. Aunque se consuela al saber de la visita de Odiseo a su hijo, Neoptólemo, su continua tristeza socava la tradicional insistencia épica en el valor de la gloria.

Aquiles era hijo de Peleo, el rey mortal de los mirmidones, y Tetis, una ninfa que le intentó conferir la inmortalidad sumergiéndolo en el Estigia. Por desgracia, olvidó sumergir el talón por el que lo sujetaba, con lo que dejó este punto vulnerable a una herida mortal. Los dioses ofrecieron a Aquiles la oportunidad de vivir una vida breve llena de gloria o bien una existencia larga en el anonimato. El hijo de Peleo escogió la primera opción y así se convirtió en el guerrero griego más notable de la guerra de Troya. El poema épico homérico de la *Ilíada*, cuenta la cólera que sintió Aquiles al ser insultado por el rey Agamenón, tras arrebatarle a una joven esclava que había recibido como premio por su heroísmo en el campo de batalla. Aquiles se negó a tomar parte en la lucha. Sin embargo, cuando los griegos empezaron a sufrir bajas, su amigo Patroclo le pidió prestada su armadura para luchar. Patroclo luchó con valentía, pero fue muerto por Héctor, el principal adversario del bando troyano. A modo de venganza, Aquiles no solo mató a Héctor, sino que profanó su cuerpo y no transigió hasta que su padre, Príamo, le suplicó que le devolviera el cadáver. Casi al final de la guerra de Troya, Paris, otro príncipe troyano, mató a Aquiles tras alcanzarle con una flecha en el talón.

MITOS RELACIONADOS
La idea de un héroe invulnerable a todo salvo por una pequeña parte de su cuerpo también aparece en la figura germana de Sigfrido y en la india de Krishna.

MINIBIOGRAFÍAS
TROYA
Ciudad-estado legendaria y emplazamiento en el Helesponto
Véase página 88

ODISEO/ULISES
Héroe griego, célebre por su inteligencia; rey de Ítaca
Véase página 102

TEXTO EN 30 SEGUNDOS
Emma Griffiths

La habilidad sobrehumana de Aquiles como luchador se vio comprometida por su egocentrismo. Hoy en día, el «talón de Aquiles» es una metáfora que hace referencia a un fallo en el carácter o a una imperfección incluso en las personas más célebres.

h. 525/524 a. C.
Nace en Eleusis, Ática
(Grecia)

499 a. C.
Primera representación
de su obra

490 a. C.
Participa en la batalla
de Maratón

484 a. C.
Primera victoria en
la ciudad de Dionisia

480 a. C.
Participa en la batalla
de Salamina

472 a. C.
Primera representación
de *Los persas*

472 a. C.
Consigue representar
cuatro de sus obras,
con la ayuda de Pericles

467 a. C.
Primera representación
de *Los siete contra Tebas*

464 a. C.
Primera representación
de *Los suplicantes*

458 a. C.
Primera representación
de la *Orestíada*

h. 445/446 a. C.
Muere en Siracusa, Sicilia

1987
José Alsina Clota
publica la traducción
al castellano de la
Orestíada

2004
Mario Gas estrena la
Orestíada en el teatro
romano de Sagunto con
traducción y adaptación
al castellano de Carlos
Trías Sagnier

ESQUILO

Esquilo es el primer gran representante de la tragedia clásica. Sus sucesores más célebres, Sófocles y Eurípides, realizaron cambios significativos en el género, pero se basaron en los logros de Esquilo. De hecho, este heredó un tipo de tragedia, pero la transformó al incluir en ella a un segundo actor, por lo que se incrementó el diálogo y se redujo la importancia del coro. Asimismo convirtió la trilogía convencional en un conjunto unificado de obras: antes de él, los dramaturgos componían tres obras separadas más una obra satírica subida de tono. De las trilogías de Esquilo, solo ha llegado una hasta nuestros días, la *Orestíada*.

En lo que hace referencia a los temas, las obras de Esquilo, de las que se han conservado seis o siete de las aproximadamente setenta que escribió, se basan en la responsabilidad humana sobre las acciones. Esquilo considera una dejación de responsabilidad el hecho de atribuir las actuaciones al destino o a los dioses. Al mismo tiempo, aboga por la devoción a estos últimos, a quienes deben someterse los humanos, y los concibe como seres buenos más que malignos. Analiza su evolución, de ser fuerzas iracundas a convertirse en figuras de misericordia así como de justicia. Amonesta tanto a los dioses como a los humanos por su orgullo excesivo y propugna la moderación. Cree

que del sufrimiento, que muchos de sus personajes padecen, puede surgir la sabiduría.

La primera obra de Esquilo, *Los persas*, trata sobre la batalla de Salamina y fue la única tragedia griega que representó acontecimientos contemporáneos. En *Los siete contra Tebas*, culpa a los propios humanos del parricidio y del incesto, más que atribuirlos a maldiciones divinas, lo cual era una explicación frecuente en aquella época. La *Orestíada* cuenta la historia del rey Agamenón de Argos, de su destrucción y de la de su familia. Se trata, asimismo, de la única trilogía completa existente de un dramaturgo griego clásico.

Esquilo nació en Eleusis, al noroeste de Atenas, ciudad famosa por su culto a Deméter. A pesar de haberse iniciado en los misterios eleusianos, se sentía más inspirado por Dioniso. De hecho, la dramaturgia griega empezó en Dionisia, donde se celebraban festivales en honor al dios. Las obras de Esquilo alcanzaron un gran éxito en su época: ganó 13 concursos en la ciudad de Dionisia y en la actualidad todavía se representan de forma periódica.

Asimismo, Esquilo fue también un soldado. Combatió en Maratón y Salamina, defendiendo a Grecia de los invasores persas. Su epitafio ignora su contribución al arte dramático y se centra tan solo en sus proezas militares.

ODISEO/ULISES

el mito en 30 segundos

MUSA EN 3 SEGUNDOS
Odiseo, conocido
como Ulises en latín,
fue el héroe cuya
inteligencia le permitió
superar lo que para
cualquier otro ser habrían
resultado obstáculos
infranqueables durante
su regreso de la guerra
de Troya.

ODISEA EN 3 MINUTOS
Los viajes de Odiseo
durante su travesía
de regreso a su hogar
le llevaron al final del
mundo conocido, donde
se encontró con las
sombras de los muertos.
Entre los personajes
vivos que conoció durante
su travesía figuran la
hechicera Circe; las sirenas
de voz dulce, a quienes
escuchó y vivió para
contarlo, y la diosa Calipso,
quien lo mantuvo retenido
durante siete años como
su amante.

El ejemplo más famoso de la astucia de Odiseo fue la estratagema que urdió para dar fin a la larga guerra contra los troyanos. El caballo de Troya, en el que escondió a un grupo de guerreros griegos, entre ellos él mismo, se ha convertido en todo un símbolo del engaño. No obstante, su astucia no se limitó a Troya y a las numerosas aventuras vividas durante la travesía de regreso a su hogar. Previamente, en Ítaca, había intentado evitar unirse al ejército de Agamenón fingiendo estar loco. A pesar de todo su ingenio, mostró momentos de arrogancia, como cuando reveló su auténtico nombre al cíclope Polifemo al escapar de la isla de los cíclopes, a quienes acababa de engañar. Para su desgracia, no sabía que Polifemo era hijo de Poseidón. El cíclope lanzó una maldición sobre Odiseo, y Poseidón, dios del mar, causó una gran cantidad de problemas a Odiseo durante el resto de su viaje. Entre las varias mujeres que adoraron a Odiseo, figura la joven feacia Nausícaa, quien animó a su gente a ayudar al héroe griego cuando naufragó en su isla, de modo que le proporcionaron embarcaciones para su travesía de regreso a Ítaca. Con Atenea, entretanto, ideó la trama para derrocar a los pretendientes que habían ocupado su mansión y cortejaban a su esposa.

MITOS RELACIONADOS
Entre los héroes cuyas aventuras ofrecen paralelismos con Odiseo figuran Eneas y Simbad el Marino.

MINIBIOGRAFÍAS
POSEIDÓN/NEPTUNO
Dios del mar y de los caballos, hermano de Zeus
Véase página 36

ATENEA/MINERVA
Diosa de la sabiduría, las técnicas de la guerra y la justicia
Véase página 52

POLIFEMO
El hijo cíclope de Poseidón
Véase página 68

TEXTO EN 30 SEGUNDOS
Susan Deacy

Odiseo era tan célebre por sus ardides que compartía el epíteto polymetis *(«el de muchos talentos») con su protectora divina Atenea.*

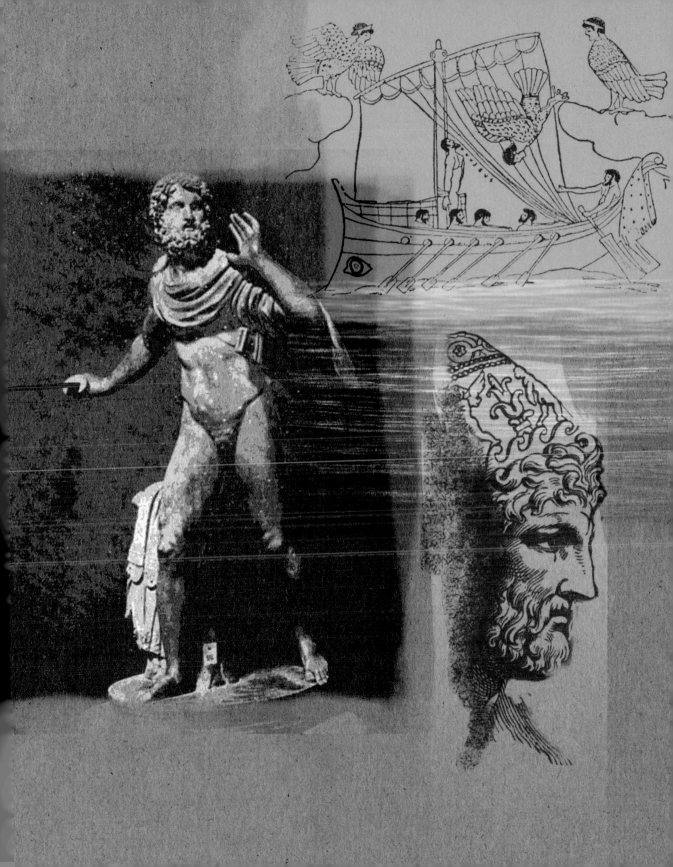

ENEAS

el mito en 30 segundos

MUSA EN 3 SEGUNDOS
«Canto a las armas
y a ese hombre».
El «hombre» en cuestión
era Eneas, un príncipe
troyano, hijo humano de
Venus (Afrodita), destinado
a convertirse en el
antepasado de los romanos.

ODISEA EN 3 MINUTOS
Virgilio realizó todo un
ejercicio de labor creativa
con la mitología y la
historia para vincular
la caída de Troya
(siglo XII a. C.) y la
fundación de Roma
(tradicionalmente,
753 a. C.); tuvo que
inventarse tres siglos de
reyes para crear un puente
entre Eneas y Rómulo.
Una relación de amor
imposible entre Eneas
y Dido, fundadora de
Cartago (siglo VIII a. C.),
proporcionó un origen
mítico a las guerras púnicas.

Personaje secundario en la *Ilíada*,
Eneas es el personaje principal en el poema
épico en latín de Virgilio, la *Eneida*. Cuando Troya
cayó en manos de los griegos, Eneas escapó, llevando
en hombros a su anciano padre y las imágenes de
los dioses en sus manos, con órdenes del propio
Júpiter (Zeus) de llevar a los supervivientes troyanos
a un nuevo hogar y destino histórico. De un modo
muy similar a Odiseo, viajó durante años, zarandeado
por tormentas y persiguiendo profecías difíciles
de alcanzar. En Cartago, Eneas y la reina Dido
se enamoraron, pero por órdenes divinas el troyano
tuvo que seguir su viaje y Dido se suicidó. Cuando
por fin llegó a Italia, se vio implicado en otra guerra
contra Turno, líder de la resistencia local. Finalmente,
pudo fundar su nueva ciudad, precursora de Roma,
aunque no vivió para disfrutarlo. Eneas fue un nuevo
tipo de héroe romano, diferente del glorioso Aquiles
o del astuto Odiseo. Virgilio utiliza la palabra *pius* para
describirlo: benigno, piadoso, devoto, respetuoso
con los dioses, su familia y su nación. Recibió un
escudo de los dioses en el que aparecía grabada la
futura historia de Roma y el siguiente texto: «Lleva a
su espalda la fama predestinada de sus descendientes».
Es un héroe rebelde que, literalmente, lleva a sus
espaldas el peso de la responsabilidad de la historia.
Una vez muerto, los dioses le concedieron el don
de la inmortalidad.

MITOS RELACIONADOS
Eneas posee algún parecido
con el Moisés bíblico, otro
héroe enviado por Dios para
guiar a su pueblo en un largo
viaje, pero que muere antes
de alcanzar la Tierra Prometida.

MINIBIOGRAFÍAS
ZEUS/JÚPITER
Rey del Olimpo, dios del cielo
Véase página 32

AFRODITA/VENUS
Diosa del amor y de la belleza
Véase página 50

DIDO
Reina de Cartago, amante de
Eneas que tiene un final trágico
Véase página 126

VIRGILIO
Poeta romano, autor de
la *Eneida*
Véase página 128

TEXTO EN 30 SEGUNDOS
Geoffrey Miles

*Movido por el deber,
Eneas fue un nuevo
tipo de héroe romano.*

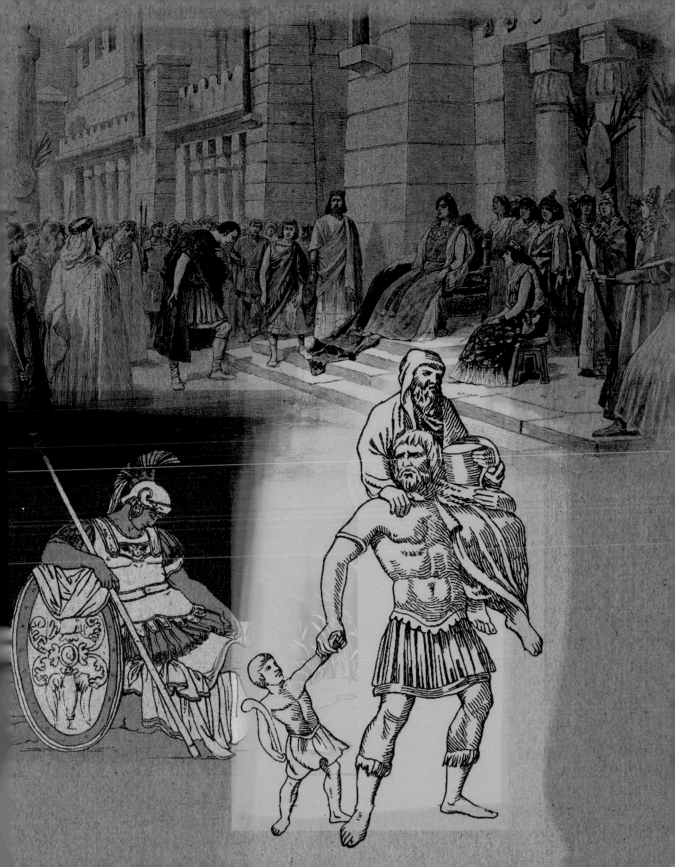

TESEO

el mito en 30 segundos

MUSA EN 3 SEGUNDOS
Teseo fue un héroe que
ayudó a civilizar el mundo
liberándolo de las bestias.
También fue aclamado
como un reformista por
establecer el sistema
político de Atenas.

ODISEA EN 3 MINUTOS
Teseo fue el producto
de la relación en Esfaira
entre la princesa Etra,
de Trecén, y el rey
ateniense Egeas o el dios
Poseidón. Nació como
resultado de diversas
artimañas, aunque no
se sabe a ciencia cierta
quién fue el impostor,
ni quién la víctima.
Es posible que Piteo,
padre de Etra, embriagara
a Egeas antes de que
mantuviera relaciones
con Etra; también
se dice que fue Atenea
quien aconsejó a
Etra que se dirigiera
a Esfaira, donde, fue
poseída por Poseidón.

Cumplidos los dieciséis años, Teseo,
se calzó las sandalias y envainó la espada de su padre,
Egeo, demostrando con ello la fuerza que le hizo
ser reconocido como un héroe de la magnitud
de Heracles. En su viaje a Atenas para reclamar
sus derechos de nacimiento, escogió la ruta terrestre
en lugar de la breve travesía por mar para dar
muerte a los diversos bandidos, gobernantes
y monstruos que atormentaban a los habitantes de
las localidades en su camino. Una vez en Atenas,
después de superar los intentos de su madrastra
por matarle, consiguió liberar a la ciudad del yugo
de Minos. Navegó hasta Creta con un grupo de
jóvenes que debían ser sacrificados en ofrenda al
Minotauro, pero dio muerte al monstruo con ayuda
de Ariadna, hija de Minos. Esta escapó con él para,
un poco más adelante, ser abandonada en Naxos.
Al llegar a Atenas, Teseo olvidó cambiar las velas
negras por unas blancas y así, creyendo que su hijo
había muerto, el rey Egeo se suicidó lanzándose
al mar, el cual a partir de entonces tomó su nombre.
Otras aventuras de Teseo incluyen una expedición
a la tierra de las amazonas, así como un intento fallido
de raptar a Perséfone, durante el cual su acompañante,
Pirítoo, quedó para siempre en el Hades. La vida
de Teseo llegó a su fin cuando, al igual que su padre,
se despeñó desde un acantilado, empujado por
Licomedes.

MITOS RELACIONADOS
Los viajes a distancias
lejanas, vencer a un monstruo
y escapar con una doncella
colaboradora aparecen
en numerosas leyendas de todo
el mundo.

MINIBIOGRAFÍAS
POSEIDÓN/NEPTUNO
Dios del mar y de los caballos,
hermano de Zeus
Véase página 36

EL MINOTAURO
Monstruo con cuerpo
de hombre y cabeza de toro
Véase página 62

HERACLES/HÉRCULES
Héroe griego de una fuerza
portentosa
Véase página 96

TEXTO EN 30 SEGUNDOS
Susan Deacy

Como tantos otros
héroes clásicos,
Teseo vivió de un modo
glorioso y trágico
a un mismo tiempo.

PERSEO

el mito en 30 segundos

MUSA EN 3 SEGUNDOS
Perseo, asesino de la gorgona y liberador de diversas damiselas, fue hijo de Dánae y de Zeus o de Proteo, hermano de Acrisio.

ODISEA EN 3 MINUTOS
Las aventuras de Perseo en su viaje de regreso del hogar de las gorgonas incluyen la muerte del monstruo que estuvo a punto de devorar a Andrómeda, la cual había sido encadenada a una roca para evitar la ira de Poseidón después de que su madre hubiera afirmado que superaba en belleza a las nereidas. Durante su regreso a Sérifos, Perseo mostró la cabeza de Medusa a Polidectes, el cual quedó de inmediato convertido en piedra. Tal y como había presagiado el oráculo, finalmente Perseo mató a su abuelo, aunque por accidente, en concreto con un disco.

El nacimiento de Perseo fue un ejemplo de la habilidad de su padre para engendrar niños de muchas formas distintas, en esta ocasión a modo de lluvia de oro que se infiltró en la torre en la que Dánae había sido encerrada. La razón de este encierro se debe al impedimento de que Dánae tuviera trato con un varón, ya que un oráculo había anunciado a Acrisio, su padre, que moriría a manos de su nieto. Al descubrir que, a pesar de ello, Dánae había dado a luz a un niño, Acrisio lo arrojó al mar, junto con la madre, en un cofre de madera. Algunos años más tarde, Perseo inició sus viajes desde Sérifos, la isla a la que había ido a parar el cofre y donde habían sido recogidos por un pescador, cuyo hermano era Polidectes, rey de la isla. Este pensó que el joven Perseo podría ser un estorbo en sus planes para contraer matrimonio con Dánae, la madre de Perseo. Así pues, ideó una estratagema para acabar con su vida, y le ordenó que le trajera la cabeza de Medusa, una de las tres gorgonas, la única mortal. Perseo recibió la ayuda de Atenea y Hermes, así como de las tres ancianas grayas, hermanas de las gorgonas, mal dispuestas a esa colaboración. También le ayudaron las ninfas, las cuales, según algunas versiones, le proporcionaron cuatro elementos que necesitaba para cumplir tan difícil misión: un casco mágico que le permitiría ver sin ser visto (y que normalmente llevaba Hades), un par de sandalias aladas que le permitirían volar hasta la tierra de las gorgonas y después escapar de las hermanas supervivientes de Medusa, una hoz de diamantes para cortar la cabeza de Medusa y un saco en el cual guardar esta última.

MITOS RELACIONADOS
Un héroe que se encuentra a tres personas ancianas, a menudo mujeres y que en ocasiones comparten un solo ojo, es un mito folclórico que se halla en otras culturas.

MINIBIOGRAFÍAS
ZEUS/JÚPITER
Rey del Olimpo, dios del cielo
Véase página 32

ATENEA/MINERVA
Diosa de la sabiduría, las técnicas de la guerra y la justicia
Véase página 52

HERMES/MERCURIO
Mensajero de los dioses
Véase página 54

MEDUSA Y LAS GORGONAS
Monstruos con serpientes por cabello
Véase página 64

TEXTO EN 30 SEGUNDOS
Susan Deacy

Producto de una de las numerosas relaciones ilícitas de Zeus, Perseo alcanza fama eterna al decapitar a la gorgona Medusa.

FIGURAS TRÁGICAS

argonautas El término *argonautas* procede del nombre de la nave en la que viajaban, *Argos*; se trata de un grupo de aventureros heroicos que acompañaron a Jasón en su viaje a la Cólquide (en la actual Georgia) en busca del vellocino de oro. Su número varía en las diversas versiones, pero la mayoría de recuentos sugiere que eran unos cincuenta. Entre ellos a menudo se incluye a Heracles, Orfeo y Teseo. Con frecuencia los antiguos griegos afirman descender de los argonautas.

Esfinge En la mitología griega, la Esfinge era un monstruo femenino con cabeza de mujer, cuerpo de león y alas de águila, hija de Equidna y Tifón. Fue enviada a Tebas (según algunas fuentes, por Hera) para vengar la impunidad de algunos hechos acaecidos tiempo atrás. Las musas enseñaron a la Esfinge a formular enigmas y devoraba a un tebano cada vez que recibía una respuesta incorrecta. Edipo acertó el enigma y la Esfinge se precipitó al vacío desde un acantilado. Como recompensa, Edipo fue coronado regente de Tebas y contrajo matrimonio con la reina viuda, su madre.

ménades («las que desvarían») Seguidoras femeninas de Dioniso, el dios del vino y del éxtasis. Bajo la influencia del alcohol, ejecutaban rituales orgiásticos, los cuales a menudo incluían el despedazamiento de animales. Se dice que habían matado a Penteo y a Orfeo, ya que ambos habían rechazado el culto a Dioniso.

metamorfosis Transformación de un objeto en otro. En la tradición mitológica, por lo general el cambio se produce de un ser humano a un animal o una planta. La mitología de la antigua Grecia está repleta de ejemplos de metamorfosis, ya sean deliberadas, ordenadas por una divinidad para satisfacer una necesidad o ambición personal, como Zeus al transformarse en cisne para seducir a Leda, o bien llevada a cabo por una deidad sobre un mortal a modo de castigo, como cuando Artemisa transformó a Acteón en un ciervo. Durante mucho tiempo se sugirió que las leyendas sobre las metamorfosis en las religiones tempranas explican una transformación a la inversa: del culto a los animales al culto a las deidades más parecidas a los seres humanos.

misterios órficos Serie de versos sagrados que se atribuyen a la figura mitológica de Orfeo, en cuyo nombre surgió la corriente religiosa del orfismo. Los seguidores del credo órfico creían en la naturaleza dual del ser humano, como compuesto de una parte divina (herencia de Dioniso) y una maligna (heredada de los titanes). Solo es posible que la primera triunfe sobre la segunda mediante el seguimiento de un camino estrictamente ético y a través de las prácticas ascéticas.

siete contra Tebas, los Los siete vencedores del ejército argivo que atacaron las siete puertas de la ciudad griega de Tebas. Como continuación del exilio autoimpuesto por Edipo, se acordó que sus hijos Eteocles y Polinices gobernarían de forma alterna. Sin embargo, al cabo del primer año Eteocles se negó a ceder el trono a su hermano. A modo de respuesta, este reunió un ejército en Argos y atacó Tebas. Durante la batalla, los hermanos se dieron muerte el uno al otro, de modo que el ejército argivo resultó vencido. Una familia que ya había sufrido el incesto y el parricidio, ahora hacía frente al fratricidio.

vellocino de oro El vellón de un carnero alado que Jasón necesitaba para acceder al trono de Yolcos, en Tesalia. Muchos años antes, Hermes había enviado al carnero para salvar la vida del hijo y la hija de un rey, a los que una celosa madrastra planeaba matar. El carnero los llevó en su lomo, pero la hija, Hele, cayó al mar (por lo tanto, al Helesponto) y se ahogó antes de que consiguieran llegar a la segura Cólquide (la actual Georgia). El hijo sacrificó entonces al carnero y colgó su piel de un roble. La búsqueda del vellón fue promovida por Pelias, rey de Yolcos, que envió a Jasón esperando que muriera en el intento de hacerse con él.

ADONIS

el mito en 30 segundos

Adonis representaba el ciclo

de la naturaleza: vida-muerte-renacimiento.
Los mitos relacionados con su papel de amante
de Afrodita ponen énfasis en su gran belleza y en
su trágica muerte prematura. Los detalles referentes
a su origen y nacimiento varían, pero una versión
popular asegura que fue Afrodita quien instó
a Esmirna (Mirra) a cometer incesto con su padre.
Cuando este descubrió el incesto involuntario, intentó
matar a su hija, pero los dioses se apiadaron de ella
y la convirtieron en un árbol, del que nació Adonis.
Afrodita quedó hechizada por la belleza del bebé,
así que, para protegerlo, lo encerró en un cofre
y se lo entregó a Perséfone para que lo guardara.
Esta no pudo resistirse a abrir el cofre y, cuando
descubrió el tesoro que guardaba, quedó también
encantada por su belleza y rehusó devolverlo.
La disputa entre las diosas fue resuelta por Zeus,
quien decidió que Adonis pasara cuatro meses
con Afrodita, cuatro con Perséfone y los cuatro
restantes con quien quisiera. Pero el joven prefirió
a Afrodita, quien se convirtió en uno de los favoritos.
Mimado e ingenuo con respecto a los peligros de la
caza, murió destrozado por los colmillos de un jabalí,
probablemente enviado por un Ares celoso, pero
fue autorizado a volver a la vida cada año durante
seis meses para pasarlos con Afrodita.

MUSA EN 3 SEGUNDOS
Adonis fue un joven dotado
de una extraordinaria
belleza, amado por
Afrodita y relacionado
con la fertilidad.

ODISEA EN 3 MINUTOS
A menudo los hombres
mortales amados por
diosas sufrían desenlaces
desafortunados. Calipso se
sumió en la desesperación
cuando Hermes, enviado
por Zeus, le ordenó liberar
a Odiseo, aunque en este
caso el final fue feliz.
Aurora consiguió que su
amante Titono obtuviera
la inmortalidad pero olvidó
pedir la eterna juventud,
de modo que él envejeció
mientras que ella
permaneció joven. En
La rama dorada, James
Frazer convierte al Adonis
humano en un dios (de la
vegetación), y lo retrata
como un ejemplo del
mito del dios que muere
y que renace.

MITOS RELACIONADOS
En su papel como juez sabio,
Zeus recuerda a Salomón,
que supo escoger entre las
dos mujeres que reclamaban
a un mismo bebé como
propio.

MINIBIOGRAFÍAS
ZEUS/JÚPITER
Rey del Olimpo, dios del cielo
Véase página 32

APOLO
Dios de la música, de la
profecía y, más tarde, del Sol
Véase página 42

AFRODITA/VENUS
Diosa del amor y de la belleza
Véase página 50

DIONISO/BACO
Dios del vino y del teatro,
hijo de Zeus
Véase página 56

TEXTO EN 30 SEGUNDOS
Emma Griffiths

*La deslumbrante
belleza de Adonis
hizo que las diosas
se pelearan por él.*

EDIPO

el mito en 30 segundos

MUSA EN 3 SEGUNDOS
Edipo estaba predestinado
a matar a su padre
y a desposar a su
madre y, sin quererlo,
lo hizo.

ODISEA EN 3 MINUTOS
Uno de los acertijos
de la Esfinge fue:
¿Qué ser provisto de
voz es de cuatro patas,
de dos y de tres? Edipo
contestó: el ser humano,
que se desplaza a gatas
cuando es un bebé,
con dos piernas cuando
es un adulto, y utiliza
un bastón cuando
es un anciano.

El rey Layo de Tebas supo por el
oráculo que, si su esposa Yocasta engendraba
un hijo, este, una vez adulto, le daría muerte. Así
pues, cuando Yocasta dio a luz a un niño, lo dejó
abandonado en un páramo para que muriera o
desapareciera para siempre. Pero el bebé fue hallado
y entregado al rey y a la reina de Corinto, quienes
no tenían hijos. Ya adulto, Edipo se dirigió al oráculo
de Delfos para conocer la verdad sobre su origen,
y entonces supo que mataría a su padre y desposaría
a su madre. En lugar de regresar a Corinto, creyendo
que sus padres eran quienes lo habían criado,
Edipo, horrorizado a causa de la profecía, huyó.
Cerca de Tebas mantuvo una riña con un viajero,
que en realidad era el rey Layo de Tebas, su padre
biológico. Sin conocer la auténtica identidad de
aquel hombre, lo mató y siguió hasta Tebas, donde
encontró a la Esfinge, un monstruo con rostro
de mujer, cuerpo de león y alas de ave que devoraba
a todo aquel que no pudiera adivinar sus acertijos al
entrar o salir de la ciudad. Edipo resolvió el acertijo
y, furiosa, la Esfinge se suicidó lanzándose al vacío.
A modo de recompensa, Edipo fue nombrado rey
y se casó con la viuda de Layo, Yocasta. Años más
tarde, afloró la verdad con respecto a su origen
y lo acontecido.

MITOS RELACIONADOS
Judas Iscariote es otro
ejemplo bien conocido de
un individuo desafortunado
que, según se dice, mató a su
padre y desposó a su madre.

MINIBIOGRAFÍAS
ODISEO/ULISES
Rey de Ítaca y gran estratega
de la guerra de Troya
Véase página 102

TESEO
Héroe griego que mató al
Minotauro
Véase página 102

PERSEO
Héroe griego que mató
a la gorgona Medusa
Véase página 108

COMPLEJO DE EDIPO
Término psicoanalítico que
define el deseo inconsciente
infantil de mantener una
relación incestuosa con la madre
y eliminar al padre.
Véase página 142

TEXTO EN 30 SEGUNDOS
William Hansen

*Freud concibió la trágica
historia de Edipo como
una expresión oculta de un
deseo masculino universal.*

ANTÍGONA

el mito en 30 segundos

MUSA EN 3 SEGUNDOS
Antígona intentó rendir
honores a su hermano
traidor fallecido y fue
sentenciada a muerte.

ODISEA EN 3 MINUTOS
La obra de Sófocles
es la primera que hace
referencia únicamente
a Antígona, pero Eurípides
escribió una obra perdida
sobre el mismo tema.
De un resumen, se
sabe que Creonte había
ordenado a su hijo Hemón
que matara a la chica. En su
lugar, Hemón la escondió
en el campo, donde dio a
luz a su hijo. Más adelante,
mientras participaba en
los juegos de Tebas, el
hijo de Antígona fue
reconocido. Al darse
cuenta de que la gente
sabía que Antígona estaba
viva, Hemón, temiendo la
cólera de su padre, mató
a Antígona y se suicidó.

Antígona fue la hija de la relación
incestuosa entre Edipo y Yocasta. Una vez que
el incesto paterno fue hecho público, se desencadenó
una guerra en la que uno de los hermanos de Antígona,
Polinices, dirigió un ejército en contra de Tebas,
la cual fue defendida por su otro hermano, Eteocles.
Ambos hermanos se mataron el uno al otro durante
un combate, y Antígona juró dar un entierro honorífico
a Polinices, a pesar de la orden de Creonte, rey de
Tebas, de dejar el cuerpo expuesto a los cuervos
y perros. Antígona, convencida de la moralidad de
sus acciones, continuó con su plan para el citado
entierro, pero fue capturada y llevada ante la
presencia de Creonte. En su defensa, la hija de Edipo
y Yocasta alegó que la ley de los dioses debía triunfar
sobre la de los hombres; Creonte, en cambio, sostenía
que debían triunfar las leyes del Estado. Así pues,
consideró que se debía elegir entre el deber para con
el Estado y la moralidad personal. La desobediencia
de Antígona le acarreó su propia muerte, pues fue
condenada a ser sepultada viva en una cueva. Sin
embargo, evitó el suplicio ahorcándose justo antes
de que Hemón, hijo de Creonte, viera muerta a su
prometida al entrar en la cueva. En un ataque de ira,
este se abalanzó sobre su padre y después se suicidó.
La reina Eurídice de Tebas, esposa de Creonte,
al conocer la muerte de su hijo, también se suicidó,
con lo que Creonte se quedó solo.

MITOS RELACIONADOS
Antígona ha inspirado las
obras del escritor francés Jean
Anouilh (1943), del dramaturgo
y poeta catalán Salvador Espriu
(1939), del dramaturgo alemán
Bertolt Brecht (1948), de la
escritora española María
Zambrano (1967) y del irlandés
Seamus Heaney (2007).

MINIBIOGRAFÍAS
EDIPO
Rey de Tebas que mató a su padre
y desposó a su madre
Véase **página 116**

TEXTO EN 30 SEGUNDOS
Barry B. Powell

La de Edipo es la última
familia disfuncional
en la mitología clásica.
Su hija, Antígona, se
ahorca después de que
sus dos hermanos se
mataran el uno al otro.

ORFEO Y EURÍDICE

el mito en 30 segundos

Orfeo fue considerado el mejor cantante
y compositor de la antigua Grecia. Cuando cantaba
acompañado de la música de su lira, no solo se
reunían para escucharle las personas, sino también,
los animales, los árboles, los ríos y las piedras.
Su amada Eurídice murió a causa de la mordedura
de una serpiente el día de su boda. Orfeo descendió
al inframundo y tocó para Hades y Perséfone, en
una súplica por recuperarla. Los dioses de la muerte,
por lo general implacables, se apiadaron de él, pero
permitieron que Eurídice abandonara el Hades con
una condición: él debía marchar delante, sin volver
la cabeza para asegurarse de que ella lo seguía.
Las versiones existentes no se ponen de acuerdo
en el motivo por el que Orfeo volvió la cabeza
para verla; en cualquier caso, todavía no había sido
completamente bañada por la luz del sol, de modo
que se desvaneció en el aire, y esta vez para siempre.
Otra versión alternativa asegura que lo que los dioses
del Hades entregaron a Orfeo fue una aparición,
no la verdadera Eurídice. El poeta, destrozado, se
retiró a tierras salvajes para cantar su profunda pena.
Finalmente murió a manos de las ménades, seguidoras
femeninas de Dioniso, quienes lo descuartizaron
y lanzaron su cabeza, aún cantando, a las aguas
del río Evros.

MUSA EN 3 SEGUNDOS
La historia de amor más
trágica en la mitología
griega es la protagonizada
por el gran músico Orfeo
y su amada Eurídice.

ODISEA EN 3 MINUTOS
Los griegos creían
que Orfeo había sido
un auténtico poeta clásico
y un maestro religioso.
De hecho surgió una
religión, el orfismo, con
su nombre, y se centraba
en la reencarnación
y purificación del alma a
través de prácticas ascéticas.
Algunos estudiosos
contemporáneos consideran
que el Orfeo original podría
haber sido un chamán, un
mago tribal que aseguraba
tener la capacidad de
viajar de ida y vuelta
a la tierra de los muertos.

MITOS RELACIONADOS
La catábasis, o convención épica
del viaje del héroe al inframundo,
es un tema mítico común.
En una leyenda finlandesa, la
madre del héroe Lemminkäinen
consigue recuperar a su hijo
del mundo de los muertos.

MINIBIOGRAFÍAS
DIONISO/BACO
Dios del vino y del teatro,
hijo de Zeus
Véase página 56

HADES
Dios del inframundo
y del reino de los muertos
Véase página 82

TEXTO EN 30 SEGUNDOS
Geoffrey Miles

El fracaso de Orfeo
y Eurídice de disfrutar
su amor hasta la muerte
es una de las historias
de amor más trágicas.

JASÓN Y MEDEA

el mito en 30 segundos

Jasón era el heredero legítimo al trono, pero su tío Pelias le ordenó que le llevara el vellocino de oro, que era el vellón de un carnero alado, de la Cólquide, en la actual Georgia. En la *Argonáutica*, fuente fundamental del mito, Apolonio de Rodas explica cómo, con la ayuda de un grupo de héroes llamados «argonautas», Jasón llegó a la Cólquide pero le fueron impuestas tareas imposibles por parte del rey Eetes. La hija del rey, Medea, se enamoró de él y, cuando este le prometió que la desposaría, utilizó su magia para ayudarle a hacerse con el vellocino de oro. Más adelante, durante su regreso a Grecia, ella mató al gigante Talos, que impedía el regreso de la nave a su hogar. Sin embargo, tras haber huido a Corinto, Jasón la abandonó para casarse con la hija del rey Creonte, y según la célebre versión de Eurípides, Medea, para vengarse, acabó con la vida de los dos hijos que había tenido con Jasón. La historia de este último se pierde entonces, aunque existía la profecía de que moriría tras caerle encima un trozo de madera podrida de su vieja nave, el *Argo*. Medea dejó Corinto y fue recibida en Atenas por el rey Egeo. Huyó de Atenas tras intentar matar al hijastro de Egeo, Teseo, y viajó hacia Oriente, donde su hijo, Medo, fundó el pueblo de los «medos». Tras su muerte, fue conducida a los Campos Elíseos, donde desposó a Aquiles.

MUSA EN 3 SEGUNDOS

Los poderes mágicos de Medea permiten a Jasón hacerse con el vellocino de oro. Se casaron y tuvieron dos hijos, pero Jasón acabó por repudiarla y, a modo de venganza, Medea mató a su propia descendencia.

ODISEA EN 3 MINUTOS

Tradicionalmente la brujería se relacionaba con lugares lejanos, donde las reglas de la civilización carecían de validez. Medea era la sobrina de la hechicera Circe, que sedujo a Odiseo en la *Odisea* de Homero. En algunas versiones, Jasón y Medea visitaron a Circe para purificarse tras asesinar a Absirto, hermano de Medea, durante su fuga de la Cólquide. El nombre de Medea significa «la intrigante» y el de Jasón significa «curandero». Y es que la medicina y la magia estaban muy relacionadas en el mundo antiguo.

MITOS RELACIONADOS

Del mismo modo que Medea, Clitemnestra se vengó de su marido en parte porque este, Agamenón, había vuelto de Troya con una amante, Casandra, aunque también porque, igual que Medea, había sacrificado a su hija Ifigenia.

MINIBIOGRAFÍAS

APOLO
Dios de la profecía y del Sol
Véase página 42

AQUILES
Guerrero griego, héroe de la *Ilíada*; el más importante de la guerra de Troya, hijo de la ninfa Tetis
Véase página 98

TESEO
Héroe griego que dio muerte al Minotauro; fundador de Atenas, hijo ilegítimo del rey Egeo
Véase página 106

TEXTO EN 30 SEGUNDOS

Emma Griffiths

Medea, despechada, se venga de Jasón matando a sus dos hijos.

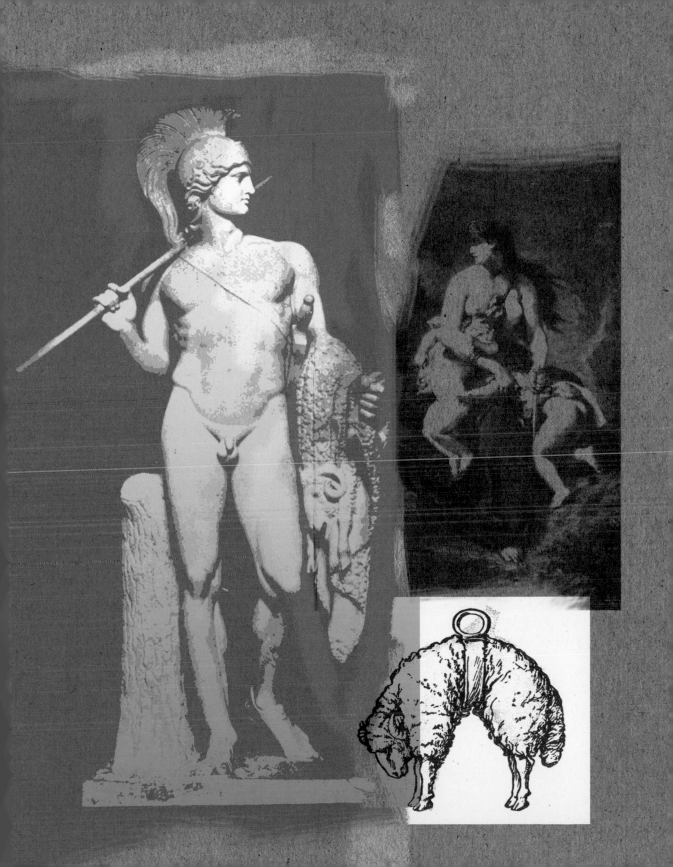

ÁYAX o AYANTE

el mito en 30 segundos

Áyax fue un valeroso combatiente
de la guerra de Troya, el más fuerte después de
Aquiles. Hijo de Telamón, a menudo se le llamaba
Áyax Telamonio o Áyax el Grande, para distinguirlo
de Áyax, hijo de Oileo, o Áyax el Menor. A menudo
representado con un escudo gigante hecho de siete
pieles de vaca y una capa de bronce, fue escogido
por sorteo para enfrentarse a Héctor en un duelo
que duraría un día. Finalmente se produjo un empate.
Cuando murió Aquiles, Áyax y Odiseo combatieron
juntos para recuperar su cuerpo. En una competición
retórica para determinar quién merecía la armadura
de Aquiles, fabricada por el dios Hefesto, Odiseo
eclipsó a Áyax y ganó el premio. Atenea, la diosa
protectora de Odiseo, volvió loco a Áyax, y le hizo
matar un rebaño de ovejas que imaginaba que eran
líderes y jueces griegos. Cuando volvió en sí y se
vio a sí mismo cubierto con la sangre de las ovejas,
humillado, se alejó y se clavó su propia espada.
Cuando Odiseo vio el alma de Áyax en el Hades,
este no quiso hablarle y se alejó de él en silencio.

MUSA EN 3 SEGUNDOS
Áyax fue un gran
combatiente durante
la guerra de Troya. Al no
obtener la armadura de
Aquiles tras morir este,
se suicidó clavándose
su propia espada.

ODISEA EN 3 MINUTOS
El poderoso aunque
vulnerable Áyax se
contrapone con el más
pequeño aunque más
sagaz Odiseo, así como
con Aquiles. En efecto,
mientras que este último
era un semidiós y recibía
la protección de los
dioses, Áyax, a pesar
de descender de Zeus,
era un mero mortal y
carecía de la ayuda divina.

MITOS RELACIONADOS
La referencia al hombre fuerte,
grande y poderoso, aunque
condenado, también se
encuentra en las historias
bíblicas de Goliat, asesinado
por un joven David, y Sansón,
traicionado por Dalila.

MINIBIOGRAFÍAS
HOMERO
Autor de la *Ilíada* y la *Odisea*
Véase página 44

AQUILES
Guerrero griego, héroe de
la *Ilíada*; el más importante
de la guerra de Troya, hijo de
la ninfa Tetis
Véase página 98

ODISEO/ULISES
Héroe griego; rey de Ítaca
Véase página 102

TEXTO EN 30 SEGUNDOS
Barry B. Powell

*La gran fuerza física
de Áyax contrasta
con la fragilidad
ocasional de su mente.
Finalmente, se suicida.*

DIDO

el mito en 30 segundos

MUSA EN 3 SEGUNDOS
Cuando Eneas abandonó
a Dido, la hermosa reina
de Cartago, para cumplir
su misión de fundar un
nuevo pueblo en el Lacio,
se suicidó y maldijo
a sus descendientes.

ODISEA EN 3 MINUTOS
Eneas pudo ver a Dido
cuando visitó a su padre
en el inframundo. Se acercó
a ella para pedirle perdón,
pero Dido se dio la vuelta
para unirse al espíritu de su
esposo Siqueo. La leyenda
romántica de Dido y Eneas
adquirió gran popularidad
después del Renacimiento.
La primera obra dramática
de Christopher Marlow
Dido, reina de Cartago,
(1594) aborda la leyenda,
que también inspiró
muchas óperas, entre ellas
obras de Francesco Cavalli
(1641), Henry Purcell (1689),
Niccolò Piccinni (1770)
y Hector Berlioz (1860).

Dido (quizá de la palabra fenicia
que significa «virgen») fue la legendaria fundadora,
y primera reina, de Cartago, en la actual Túnez. Según
las evidencias arqueológicas, Cartago fue fundada
hacia el año 825 a. C., y es posible que Dido fuera
una figura histórica real. Cuando su hermano,
Pigmalión, mató a su esposo Siqueo, Dido huyó
de Tiro, en la costa oriental del Mediterráneo,
y navegó hacia el norte de África, donde fundó
Cartago. Según la *Eneida* de Virgilio, el héroe
troyano Eneas llegó a África tras escapar de las
llamas de Troya. Venus (Afrodita), su madre, hizo
que Dido se enamorara de Eneas, y ambos vivieron
una relación apasionada. Finalmente, Júpiter (Zeus)
envió a Mercurio (Hermes) para recordarle a Eneas
la misión de fundar un nuevo pueblo en el Lacio.
Cuando partió, Dido ordenó levantar una gigantesca
pira y se suicidó. En sus últimas palabras, maldijo
a todos los troyanos y a sus descendientes, los
romanos. Desde su nave, Eneas pudo ver el brillo
de la pira de Dido. En los siglos II y III a. C., las guerras
púnicas, entre romanos y cartagineses, fueron
los conflictos más sangrientos del mundo antiguo.

MITOS RELACIONADOS
En la mitología griega son
frecuentes las relaciones
amorosas trágicas, como
las de Jasón y Medea y la de
Helena y Paris, que se basan
parcialmente en la leyenda de
Eneas y Dido. También Odiseo
fue retenido por dos semidiosas
que se enamoraron de él: la
hechicera Circe, con quien pasó
un año, y la ninfa Calipso, quien
lo mantuvo retenido durante
siete años en su isla.

MINIBIOGRAFÍAS
TROYA
Ciudad-estado legendaria donde
tuvo lugar la guerra de Troya
Véase página 88

ENEAS
Héroe y príncipe troyano,
antepasado de los romanos
Véase página 104

VIRGILIO
Poeta épico romano,
autor de la *Eneida*
Véase página 128

TEXTO EN 30 SEGUNDOS
Barry B. Powell

*Dido no tiene suerte en el
amor. Su hermano mata
a su esposo y su amante,
Eneas, la abandona.*

15 de octubre, 70 a. C.
Nace en Andes, cerca
de Mantua

42 a. C.
Empieza a escribir
las *Églogas*

39-38 a. C.
Se publican las *Églogas*

37-29 a. C.
Compone las *Geórgicas*

29-19 a. C.
Compone la *Eneida*

19 a. C.
Lucio Vario Rufo y
Plotio Tuca revisan
y publican la *Eneida*
a título póstumo, por
mandato del emperador
Augusto, a pesar de
que el poeta fallecido
deseaba destruirla

21 de septiembre, 19 a. C.
Muere en Brundisium
(la actual Brindisi)

1384-h. 1434
Enrique de Aragón,
marqués de Villena,
traduce la *Eneida*
al castellano, pero
su traducción no
se ha publicado nunca, ni
queda de ella manuscrito
completo en ninguna
biblioteca

1618
Cristóbal de Mesa
traduce al castellano
las *Églogas*

VIRGILIO

Virgilio (Publio Virgilio Marón) fue uno de los poetas romanos más destacados, tanto en poesía épica como pastoril, y tuvo una enorme influencia en la literatura occidental moderna. De hecho, Dante lo convirtió en su guía a través del infierno y del purgatorio. Virgilio acuñó varias frases icónicas, entre las cuales la más conocida es *omnia vincit amor* («el amor todo lo vence»).

Tras abandonar los estudios de Derecho, Virgilio, al igual que Ovidio, se consagró a la poesía, en la cual alcanzó gran éxito a pesar de sufrir de una mala salud crónica desde su juventud. Es conocido por sus poesías pastoriles, las *Églogas* y las *Geórgicas*, así como por el poema épico de la *Eneida*. Las dos primeras versan sobre los aspectos de la vida en el campo, pero están repletas de alusiones a la política romana de la época. Fue Virgilio quien creó el motivo de la Arcadia, un paraíso idílico en el que reinan la felicidad, la sencillez y la paz en un ambiente habitado por pastores que viven en comunión con la naturaleza, y que fue idealizado en el Romanticismo, aunque también incluye a la muerte. La posición de Virgilio como garante de lo nuevo y de lo antiguo se observa en el Libro 4 de las *Églogas*, que los cristianos interpretaron como una prefiguración del nacimiento de Cristo, y en el Libro 6, que aborda el mito de Orfeo, dios pagano de la muerte y el renacer.

Sin duda, su obra más importante e influyente es la *Eneida*. Encargada por el emperador Augusto, no solo estableció un vínculo literario entre las tradiciones de la antigua Grecia y Roma, sino que se convirtió en la expresión de la identidad de esta última en parte historia y en parte, mito. Inspirándose en la *Ilíada* y la *Odisea* de Homero, Virgilio relata la leyenda de Eneas, hijo de Anquises, príncipe de Troya, y la diosa Afrodita. Cuando los troyanos perdieron la guerra, Eneas, su padre y un puñado de fieles troyanos huyeron inspirados por el mandato divino de fundar allende los mares una nueva y poderosa ciudad. Tras detenerse en Cartago (donde cortejó y después rechazó a Dido, germen de las guerras púnicas) y en Sicilia, finalmente se estableció en el Lacio. Tras su muerte, fue deificado. Sus descendientes, Rómulo y Remo, se establecieron definitivamente en Roma. Los emperadores Julio César y Augusto trazaron su árbol genealógico hasta llegar a Eneas, lo que los vinculaba con los dioses del Olimpo y, por tanto, confería a Roma un origen divino.

FAETÓN

el mito en 30 segundos

MUSA EN 3 SEGUNDOS
Faetón, hijo del dios del
Sol, murió al intentar imitar
a su padre conduciendo
su carruaje con el Sol
por el cielo.

ODISEA EN 3 MINUTOS
La advertencia de «ten
cuidado con lo que deseas»
también se puede encontrar
en la historia de Sémele,
una de las amantes
de Zeus. La vengativa
esposa de Zeus,
Hera, la convenció de
que le pidiera a Zeus que
se le apareciera del mismo
modo en que lo había
hecho frente a Hera
la primera vez. Zeus le
había prometido a Sémele
concederle cuanto le
pidiera y, aunque intentó
convencerla de que pidiera
otra cosa, ella no quiso
y el dios tuvo que cumplir:
al aparecer en todo
su esplendor, los rayos
que despedía abrasaron
a Sémele.

Junto con Ícaro, Faetón («el brillante»)
fue un joven insensato que tuvo un final trágico.
Según una versión, su madre, Clímene, le dijo que
era hijo de Helios, dios del Sol, pero Faetón no
le creyó, de modo que Helios prometió que le
concedería cualquier cosa para probar que era
su padre. Según otra versión, los amigos de Faetón
dudaban de que fuera el hijo de un dios, de modo que
se propuso demostrarlo. Cuando su padre le ofreció
concederle un deseo, le pidió conducir el carruaje
que llevaba cada día, tirado por caballos alados.
A pesar de que Helios intentó disuadirlo de esta
petición suicida, no podía incumplir su promesa,
de modo que intentó aconsejarlo lo mejor
que pudo, en vano. Los caballos resultaron ser
ingobernables en sus manos inexpertas. En primer
lugar, Faetón giró demasiado alto, de modo que la
Tierra se enfrió; después bajó demasiado y quemó
las tierras de África. Zeus, temeroso de que acabara
destruyendo el mundo entero, tuvo que intervenir
golpeando el carro desbocado con un rayo para
pararlo, de modo que Faetón cayó en el río Eridano.
Igual que Ícaro, que voló demasiado cerca del Sol,
Faetón sirve como advertencia contra la temeridad
de la juventud. Más adelante, la nieta de Helios,
Medea, condujo el carro con mayor fortuna
cuando lo utilizó para escapar de Corinto tras haber
matado a sus hijos.

MITOS RELACIONADOS
No poder revocar una bendición
o un voto es una situación
que encontramos en la
historia bíblica de Isaac, que fue
engañado para dar la bendición
destinada a su primogénito,
Esaú, a su hijo menor, Jacob.

MINIBIOGRAFÍAS
ZEUS/JÚPITER
Rey del Olimpo, dios del cielo
Véase página 32
ÍCARO
Hijo de Dédalo, que voló
demasiado cerca del Sol
Véase página 132

TEXTO EN 30 SEGUNDOS
Emma Griffiths

*La insensatez del joven
Faetón se convierte
en su perdición. Su mito
ilustra el ideal griego
de la moderación.*

ÍCARO

el mito en 30 segundos

MUSA EN 3 SEGUNDOS
Ícaro fue un joven griego cuyas alas artificiales, sujetas con cera, se desintegraron cuando voló demasiado cerca del Sol.

ODISEA EN 3 MINUTOS
Es muy probable que el mar Icario recibiera su nombre de la cercana isla de Icaria, pero no se conoce el motivo del nombre de la isla. Según la leyenda de Ícaro, tanto el mar como la isla tomaron su nombre porque Ícaro se ahogó en el primero y fue enterrado en la segunda. Estas explicaciones míticas atribuyen una característica del mundo a un acontecimiento determinado del pasado.

Minos, rey de Creta, había mandado encarcelar al brillante inventor Dédalo dentro del laberinto que él mismo había construido a petición real. Al considerar sus opciones, Dédalo descartó escapar por tierra o por mar, ya que Creta era una isla y Minos controlaba los mares. Sin embargo, existía una tercera opción: huir por aire. Así, recolectó plumas y las fue enlazando hasta crear unas de alas asegurando las más grandes con hilo y las más pequeñas con cera. Confeccionó un par de alas para sí mismo y otro para su hijo, Ícaro. Al llegar el momento de la huida, Dédalo le advirtió a su hijo de que no volara demasiado bajo, porque la humedad del mar mojaría las alas, ni demasiado alto, porque el calor del Sol derretiría la cera. Entonces, padre e hijo echaron a volar, el hijo detrás del padre. Al verlos, algunas personas quedaron sorprendidas y asumieron que se trataba de dioses. Ícaro, sin embargo, estaba tan emocionado que voló cada vez más alto, hasta que el Sol derritió la cera de sus alas, las plumas se despegaron y se precipitó al agua. El mar en el que se ahogó recibió a partir de entonces el nombre de mar Icario, y la isla próxima en la que el afligido padre enterró a su hijo, Icaria.

MITOS RELACIONADOS
En la mitología, los humanos que consiguen alcanzar el sueño de volar lo hacen más a menudo sobre un pájaro de gran tamaño que confeccionando sus propias alas artificiales. El primero de los ejemplos es el de Etana (Mesopotamia).

MINIBIOGRAFÍAS
FAETÓN
Joven temerario que condujo el carruaje del Sol.
Véase página 130

TEXTO EN 30 SEGUNDOS
William Hansen

Ícaro descubre, a su pesar, que el orgullo lleva a la caída.

ACTEÓN

el mito en 30 segundos

Acteón formó parte de una dinastía famosa: su madre, Autónoe, era hija del héroe tebano Cadmo; y su padre fue Aristeo, hijo del dios Apolo. Fue educado por del centauro Quirón y se convirtió en un célebre cazador y, según se decía, en ocasiones fue acompañante de Artemisa. En la versión principal del mito, tal y como la explican Calímaco y Ovidio, ofendió a la diosa al verla desnuda en el bosque. Otras versiones aseguran que alardeó de ser mejor cazador que Artemisa o que pretendía a la princesa Sémele, amante de Zeus. Sea cual fuere la ofensa, el castigo fue el mismo: Artemisa lo transformó en un ciervo y envió a los propios sabuesos de Acteón a que lo mataran, haciéndolo pedazos y devorando su carne en el monte Cítero. Fue en ese mismo escenario donde Penteo fue descuartizado por insultar al dios Dioniso, y donde fue abandonado Edipo justo después de su nacimiento. En algunas versiones del mito, los perros se sintieron tan abatidos por lo que habían hecho con su amo que Quirón construyó una estatua de Acteón para consolarlos.

MUSA EN 3 SEGUNDOS
Después de ofender a Artemisa, este cazador griego fue transformado en ciervo y descuartizado por sus propios sabuesos.

ODISEA EN 3 MINUTOS
Un tema frecuente en la mitología es la transformación de un ser humano en un animal. Así, por ejemplo, Calisto fue transformada en osa tras romper una promesa hecha a Artemisa, y fue perseguida hasta su captura y muerte. A pesar de que muchas transformaciones se deben a castigos, también podían ser actos de salvación, como es el caso de Procne y Filomela, convertidas en pájaros mientras huían de Tereo, o el de Zeus, que convirtió a Ío en una vaca para esconderla de la ira de la celosa Hera.

MITOS RELACIONADOS
En el mito ugarítico de Daniel y Aqhat, la diosa Anat mató al cazador Aqhat cuando la ofendió al rechazar un intercambio.

MINIBIOGRAFÍAS
ZEUS/JÚPITER
Rey del Olimpo, dios del cielo
Véase página 32

ARTEMISA/DIANA
Hija de Zeus y Leto, diosa virgen de la caza
Véase página 46

DIONISO/BACO
Dios del vino y del teatro, hijo de Zeus
Véase página 56

TEXTO EN 30 SEGUNDOS
Emma Griffiths

Como castigo por verla desnuda, el cazador Acteón es transformado por Artemisa en la presa de sus propios sabuesos.

EL LEGADO

complejo En psicología, se trata de un término acuñado por C. G. Jung para describir una serie de experiencias con carga emocional causadas por un determinado episodio durante la infancia (Freud) o un arquetipo innato (Jung). El complejo puede expresarse de muchas maneras, por lo general de un modo simbólico. Para mantener la salud mental es preciso reconocer el complejo en cuestión. Con el tiempo, el término pasaron a utilizarlo los freudianos, como ocurre en el complejo de Edipo.

edípica, etapa En las etapas del desarrollo psicosexual que propone Freud, la etapa edípica (o fálica) tiene lugar entre los 3 y los 5 años; describe la fase en la que los niños se tornan posesivos con respecto al progenitor del sexo opuesto, mientras que consideran un rival al progenitor del mismo sexo. Freud asegura que la etapa edípica (un término que utiliza tanto para los niños como para las niñas) es clave en el desarrollo de la personalidad así como determinante, aunque no en exclusiva, a la hora de explicar el origen de los problemas psicológicos que afloran en la edad adulta.

hipersexualidad Actividad sexual en hombres o en mujeres que afecta a la relación social normal o provoca angustia. Este término sustituye a los términos tradicionales o antiguos, con raíces mitológicas, *ninfomanía* y *satiriasis*.

neurótico Persona que sufre una neurosis, lo cual, en términos psicoanalíticos, supone un conflicto emocional inconsciente, con origen en la infancia, que se manifiesta durante la edad adulta de formas que no tienen nada que ver con la infancia pero que son, de hecho, expresiones ocultas de tensiones sexuales y emocionales no resueltas. Tradicionalmente, las neurosis se tratan a través del psicoanálisis.

ninfomanía Término que solía aplicarse a lo que era considerada una sexualidad excesiva en las mujeres. Con el tiempo llegó a concebirse como síntoma de un trastorno de la personalidad en un sentido más amplio. En la actualidad, se denomina *hipersexualidad* o, sencillamente, *adicción al sexo*.

personalidad, trastorno de la Cualquiera de una serie de trastornos que impiden a una persona actuar de un modo flexible y sensible frente a las situaciones que la vida depara. Aquellos que sufren un trastorno de la personalidad reaccionan frente a las situaciones de una forma rígida e inflexible. Los trastornos más importantes incluyen paranoia, esquizofrenia, histrionismo y comportamiento antisocial. Una persona puede sufrir más de un trastorno.

preedípica, etapa Freud consideraba,
de un modo inflexible, que la etapa
clave del desarrollo psicosexual era la
edípica. Uno de sus discípulos, en su día
muy cercano, Otto Rank, sugirió que la
etapa clave es, de hecho, la preedípica,
justo después del nacimiento. Para Freud,
la relación fundamental en la etapa edípica
es la que se establece entre el niño y su
progenitor del mismo sexo. Para Rank,
la relación fundamental en la etapa preedípica
es la que existe entre el niño o la niña y su
madre. Mientras que para Freud el niño busca
sustituir al progenitor del mismo sexo, para
Rank busca permanecer unido a su madre
en su vientre. El trauma que determina
la personalidad de una persona no surge
a los tres años, sino durante el nacimiento.
En la actualidad, los freudianos, a pesar
de considerar a Rank un hereje, conceden
al menos la misma importancia a la etapa
preedípica que a la edípica.

satiriasis Término utilizado para describir
la versión masculina de la ninfomanía.
Del mismo modo que en esta, una sexualidad
excesiva era considerada un síntoma de
una enfermedad psicológica más amplia.
Este término ha sido sustituido en la actualidad
por el de «hipersexualidad» o «adicción al
sexo».

NARCISISMO

el mito en 30 segundos

Narciso era un joven excepcionalmente
atractivo que, al rechazar tanto a hombres
como a mujeres, fue castigado por un pretendiente
despechado, haciéndole enamorarse de su propio
reflejo en el agua. Narciso no comprendía que lo
que contemplaba era solo un reflejo de sí mismo,
y no su propia persona. Subyugado por la bella
imagen, renunció a toda posible relación amorosa
con otros seres y su cuerpo se fue consumiendo
hasta morir, momento en que se convirtió en
una flor, el narciso. El narcisismo hace referencia
a un exagerado ensimismamiento e indiferencia con
respecto a los demás. El término fue acuñado por el
médico y sexólogo inglés Havelock Ellis para referirse
a una excesiva tendencia a la masturbación, pero
Sigmund Freud lo amplió y enriqueció para describir
un estado psicológico. El «narcisismo sano» es la
expresión que se utiliza en la actualidad para describir
una razonable atención a uno mismo y no solo
a los demás. El narcisismo como un trastorno de
personalidad se refiere a la preocupación por uno
mismo a expensas de los demás. Para Freud, alcanza
el grado de enfermedad cuando el narcisismo sano
se lleva al extremo.

TEXTO EN 30 SEGUNDOS
Robert A. Segal

MUSA EN 3 SEGUNDOS
Nombre que se da al estado
de las personas que están
absorbidas por sí mismas.
Es más extremo que la pura
vanidad, el orgullo o la
confianza en uno mismo.

ODISEA EN 3 MINUTOS
El origen del narcisismo
es todavía motivo de
debate. Una explicación
psicoanalítica frecuente
es la negación de amor
durante los primeros
años. Un niño que
carece de él se convierte
en un adulto que no
puede sentir afecto por
los demás. De hecho, los
narcisistas son incapaces
de sentir empatía. A
menudo son encantadores
a un nivel superficial,
pero en realidad son
manipuladores, maliciosos
y falsos. El concepto de
narcisismo se ha aplicado a
culturas enteras, como
hace Christopher Lasch
en su obra *La cultura del
narcisismo* (1979) con
Estados Unidos.

*Mientras que el
amor de Narciso por sí
mismo es el resultado
de una maldición, Freud
ofrece una explicación
científica general a dicho
fenómeno.*

COMPLEJO DE EDIPO

el mito en 30 segundos

El personaje principal de la obra

de Sófocles *Edipo rey*, es quizá la figura humana más célebre de la mitología griega, aunque su fama se debe en buena medida a la apropiación de la historia por parte de Freud. Víctima de una maldición, el rey Layo de Tebas fue advertido de que, si engendraba un hijo, este algún día le daría muerte. Layo dio por buena la profecía y ordenó a un sirviente que matara al pequeño, cuya concepción se debió a un episodio de embriaguez y pérdida de autocontrol. Layo pensó que, al matarlo, podría burlar la profecía. Por desgracia para él, Edipo se salvó, fue criado en otro lugar y, una vez adulto, cumplió la profecía, que incluía el incesto con su madre. Incluso aunque, aparentemente, Edipo fue víctima del destino, el cual intentó sortear en vano, al igual que su padre, Freud lo convirtió en víctima. En su opinión, tal y como figura en *La interpretación de los sueños* (1900), el Edipo adulto cumplió el deseo infantil de todos los hombres: matar a su padre para asegurar el acceso sexual a la madre. El «complejo de Edipo» es normal en la infancia pero de carácter neurótico si se lleva hasta la etapa adulta, incluso si nunca se lleva a cabo en la realidad.

MUSA EN 3 SEGUNDOS
El «complejo de Edipo» es el nombre que da Freud al deseo de todos los niños de entre tres y cinco años de matar al padre para mantener relaciones sexuales con la madre.

ODISEA EN 3 MINUTOS
Freud convirtió el complejo de Edipo en el fundamento de su psicología. Sin embargo, desde su época hasta hoy, el eje de la corriente principal del psicoanálisis se ha desplazado de la etapa edípica, que para Freud se centraba en el conflicto entre padres e hijos, a la etapa preedípica, que se centra en las relaciones, de ningún modo hostiles, entre el niño (de ambos sexos) y la madre. Al mismo tiempo, el término «complejo de Edipo» se aplica tanto a mujeres como a hombres. La expresión «complejo de Electra» ya no se utiliza.

MINIBIOGRAFÍAS
EDIPO
Rey de Tebas, trágica figura griega, que mató a su padre y desposó a su madre
Véase página 116

SÓFOCLES
Dramaturgo griego, autor de *Edipo rey*
Véase página 146

TEXTO EN 30 SEGUNDOS
Robert A. Segal

Por naturaleza, todos los niños quieren matar a sus padres y mantener relaciones sexuales con sus madres… según Freud.

COMPLEJO DE ELECTRA

el mito en 30 segundos

MUSA EN 3 SEGUNDOS
El «complejo de Electra» es el nombre de la etapa en la cual todas las niñas de entre tres y cinco años fantasean con el deseo de matar a la madre para mantener relaciones sexuales con el padre.

ODISEA EN 3 MINUTOS
El término «complejo de Electra» se ajusta con menos exactitud al fenómeno al que designa que la expresión «complejo de Edipo». Mientras que el personaje mitológico Edipo realmente mató a su padre y desposó a su madre, Electra no fue quien mató a su madre, y su padre ya estaba muerto. Edipo realizó acciones cuyas trágicas consecuencias distaban mucho de imaginar, mientras que Electra, conscientemente, deseaba la muerte de su madre.

En la mitología griega, Electra era la hija del rey Agamenón y la reina Clitemnestra. De sus hijos, los preferidos eran la hermana mayor, Ifigenia, y su hermano Orestes. Agamenón era el líder del ejército griego que combatió en Troya. Mientras este estuvo fuera, Clitemnestra tuvo un amante, Egisto, y juntos asesinaron a Agamenón a su regreso triunfante a casa. Clitemnestra lo odiaba porque había sacrificado a Ifigenia para que las fuerzas griegas pudieran obtener el viento necesario para navegar a Troya. También lo odiaba porque había vuelto a casa con una amante, Casandra. Electra tomó partido por su padre, y persuadió a Orestes para que matara a su madre. No fue Freud, sino su rival Carl Gustav Jung, quien acuñó el término «complejo» y más tarde, en 1913, el concepto específico de «complejo de Electra», con el que hacía referencia al deseo universal de las niñas de entre tres y cinco años de mantener relaciones sexuales con el padre y de matar a la madre, a la que ven como un impedimento. Freud tomó el término «complejo» de Jung y acuñó el de «complejo de Edipo», del que el «complejo de Electra» era el equivalente femenino. Una vez que Freud y Jung se distanciaron, Freud abandonó el término «complejo de Electra» y prefirió utilizar «complejo de Edipo» para ambos sexos.

MINIBIOGRAFÍAS
EDIPO
Rey de Tebas, personaje griego, que mató a su padre y desposó a su madre
Véase página 116

TEXTO EN 30 SEGUNDOS
Robert A. Segal

Por naturaleza, todas las niñas quieren matar a su madre y mantener relaciones sexuales con su padre… según Freud y, en un primer momento, Jung.

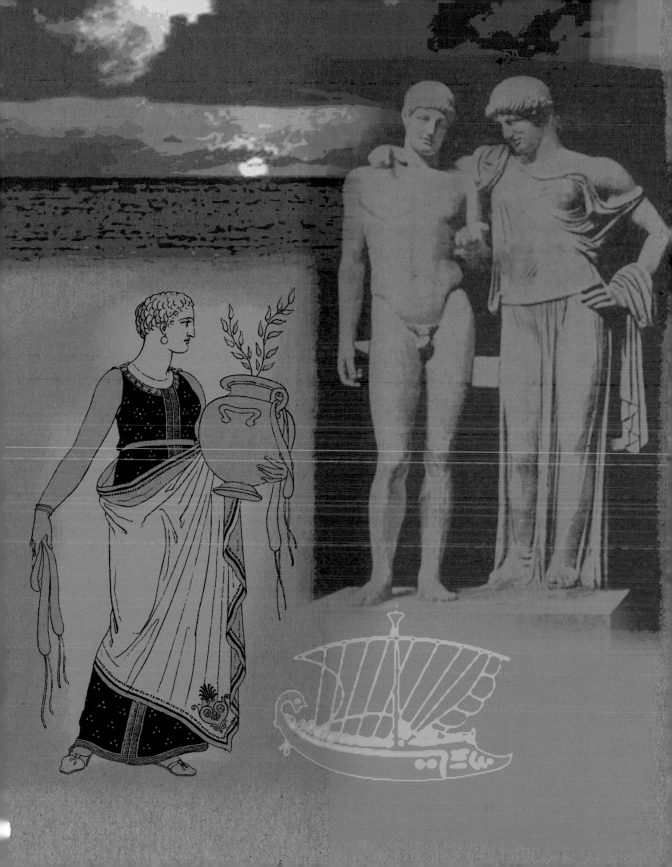

495 a. C.
Nace en Colono, cerca de Atenas, hijo de un rico armero

468 a. C.
Obtiene el primer premio en el festival de Dionisia en Atenas, tras vencer a Esquilo

444 a. C.
Se representa *Áyax* por vez primera

442 a. C.
Escribe *Antígona*

409 a. C.
Escribe *Filoctetes* y *Electra*

406 a. C.
Escribe *Edipo en Colono*

405 a. C.
Muere

401 a. C.
Se representa por primera vez *Edipo en Colono*

Década de 1930
José Alemany y Bolufer traduce al castellano *Edipo rey* y *Antígona* (la fecha es desconocida, en cualquier caso antes de su muerte, en 1934)

1981
Assela Almillo traduce al castellano las siete tragedias de Sófocles: *Áyax*, *Las tarquinias*, *Antígona*, *Edipo rey*, *Electra*, *Filoctetes* y *Edipo en Colono*.

SÓFOCLES

Como seguidor de Esquilo, Sófocles disfrutó de una exitosa carrera de 50 años de duración como dramaturgo en Atenas. Se le atribuyen más de 120 obras, aunque solo se han conservado siete, junto con algunos fragmentos. Obtuvo unos 24 premios en el festival anual de dramaturgia de Dionisia, con un primer premio (por delante de Esquilo) a los 28 años. Aristóteles cita *Edipo rey* como un ejemplo de obra trágica perfectamente estructurada.

Del mismo modo que Esquilo, Sófocles fue un innovador. Añadió un tercer actor a los dos de Esquilo, lo que incrementaba el diálogo y disminuía la importancia del coro. Asimismo, sustituyó la trilogía por tres obras separadas, incluso aunque trataran sobre el mismo tema. Sus tres obras sobre Edipo, *Edipo rey*, *Edipo en Colono* y *Antígona* no son, estrictamente, una trilogía vinculada.

Muchos de los temas que plantea Sófocles son los mismos que los de Esquilo. los

es la consecuencia de una maldición que afecta a su linaje.

A pesar de ello, la caída de Edipo no se debe tan solo a sus acciones predestinadas, por las cuales no se le puede responsabilizar, sino a sus acciones libremente elegidas (una vez que se ha convertido en el rey de Tebas en lugar de su padre muerto). Edipo se ve a sí mismo como un dios al asumir que puede acabar con la plaga que sufre Tebas. La caída que protagoniza se debe no tanto a dicha plaga, sino a su insistencia en descubrir al culpable, que acaba siendo él mismo. Su caída se debe no a haber hecho realidad su «complejo de Edipo», sino a que, décadas después, desdeña a los dioses, según afirma el profeta Tiresias. Se le hace responsable de su trágico destino como consecuencia de su arrogancia.

Tanto para Sófocles como para Esquilo, del sufrimiento puede surgir la sabiduría, y Edipo es el ejemplo más evidente en la tragedia griega de alguien que, a través

NINFOMANÍA

el mito en 30 segundos

MUSA EN 3 SEGUNDOS
Ninfomanía es un término despectivo para definir la supuesta sexualidad excesiva de algunas mujeres, pero de un modo más preciso hace referencia a un trastorno psicológico en el que la insaciabilidad sexual es tan solo un síntoma.

ODISEA EN 3 MINUTOS
En la actualidad, el término para definir la ninfomanía es *hipersexualidad*, el cual se aplica tanto a hombres como a mujeres. El punto en el que la sexualidad es excesiva es un tema de debate y varía notablemente según las épocas y los lugares. Algunos expertos consideran la hipersexualidad una adicción que debería incluirse en la lista oficial de trastornos psiquiátricos. Hay quienes la atribuyen a abusos sexuales en la infancia o trastornos obsesivo-compulsivos. La compulsividad por el sexo es un mero síntoma de la hipersexualidad.

Las ninfas eran figuras femeninas núbiles que vivían lejos de la civilización y de sus constricciones. Era posible encontrarlas, sobre todo, en árboles, montañas, ríos y fuentes. Eran más que humanas, pero como mucho eran deidades menores. No eran inmortales y a veces morían cuando sucumbía el fenómeno natural en el que habitaban. Vivían en grupos y se las podía identificar de forma individual en pocas ocasiones. Eran hermosas y despreocupadas, y disfrutaban de los placeres físicos, entre ellos el sexo, pero de ningún modo eran siempre promiscuas. Algunas, de hecho, eran célibes o rechazaban el sexo con hombres, mientras que otras buscaban las relaciones sexuales con hombres y, como ocurrió con el joven Hilas, que fue secuestrado por las ninfas, los llevaban a su propia muerte. El término *ninfomanía* se utiliza con sorna para definir a las mujeres con un apetito sexual insaciable. En sentido estricto, el término es médico y hace referencia a una enfermedad rara y sintomática de un trastorno mental. En el caso de los hombres, existe el término menos conocido de *satiriasis*, el cual también toma su nombre de la mitología griega: los sátiros eran criaturas mitad hombre y mitad carnero célebres por su apetito sexual. A veces los sátiros y las ninfas mantenían relaciones sexuales entre ellos.

TEXTO EN 30 SEGUNDOS
Robert A. Segal

Las ninfas de la mitología clásica no eran tan insaciables como sus homólogas contemporáneas.

EL EFECTO PIGMALIÓN

el mito en 30 segundos

MINIBIOGRAFÍAS
OVIDIO
Dramaturgo griego,
autor de *Las metamorfosis*
Véase **página 70**

TEXTO EN 30 SEGUNDOS
Robert A. Segal

MUSA EN 3 SEGUNDOS
El término *efecto Pigmalión*, cuyo nombre procede de un escultor cuya obra cobra vida, hace referencia al cambio que las expectativas de los demás pueden producir en una persona.

ODISEA EN 3 MINUTOS
En *Las metamorfosis*, Ovidio describe las transformaciones de humanos así como de ninfas en animales y plantas. La transformación de la escultura de Pigmalión en una mujer viva, a través del poder del amor, es típica de Ovidio. El menos romántico Robert Merton (1910-2003) acuñó la expresión *efecto Pigmalión*, a lo que definió como «profecía que tiende a cumplirse por su propia naturaleza». Lo ejemplifica con un banco solvente que se declara en quiebra como resultado de los falsos rumores sobre su insolvencia, que llevan a los clientes a retirar sus fondos.

En *Las metamorfosis*, Ovidio cuenta la historia de un escultor llamado Pigmalión que, asqueado de la omnipresencia de las prostitutas, decidió renunciar al sexo y vivir en el celibato. Así pues, esculpió una estatua de marfil de una mujer muy hermosa y acabó enamorándose de ella. Cuando regresó a casa de un festival en honor a Venus, besó a la estatua, la cual, por mediación de la diosa, cobró vida de inmediato. La relación con la expresión «efecto Pigmalión», acuñada por el sociólogo estadounidense Robert Merton, no es sencilla. Antes de que la obra más famosa de George Bernard Shaw, *Pigmalión*, apareciera en 1912, ya existían tres comedias inglesas en las que un escultor casado creaba una hermosa mujer que cobraba vida. El nombre Pigmalión se adjudica no a él, sino a ella. Al escribir no tanto una comedia como una sátira cómica sobre la rigidez de las clases, Shaw convirtió a Pigmalión, a la que dio el nombre de Eliza Doolittle, en una mujer viva desde el principio. En esta obra de teatro, la transformación no ocurre de estatua a ser vivo, sino de una florista de clase obrera a una aristócrata. La transformación surte efecto no por lo que hace, sino por su aceptación como una aristócrata por parte de la alta sociedad. El «efecto» hace referencia al efecto que las expectativas de los demás, tanto negativas como positivas, pueden producir en las personas.

La noción de «vivir en función de las expectativas de la gente» es muy diferente del mito original de Pigmalión.

APÉNDICE

BIBLIOGRAFÍA

LIBROS

Ancient Goddesses: The Myths and the Evidence
Lucy Goodison y Christine Morris
(University of Wisconsin Press, 1999)

Anthology of Classical Myth: Primary Sources in Translation
Stephen M. Trzaskoma *et al.*
(Hackett, 2004)

Aphrodite
Monica S. Cyrino
(Routledge, 2010)

Apollo
Fritz Graf
(Routledge, 2009)

Apollodorus' Library and Hyginus' Fabulae: Two Handbooks of Greek Mythology
R. Scott Smith y Stephen M. Trzaskoma
(Hacket, 2007)

Arte y mito en la antigua Grecia
Thomas H. Carpenter
(Ediciones Destino, 2001)

Athena
Susan Deacy
(Routledge, 2008)

The Cambridge Companion to Greek Mythology
Roger D. Woodard (ed.)
(Cambridge University Press, 2007)

Classical Myth (séptima edición)
Barry B. Powell
(Prentice Hall, 2011)

Classical Mythology: A Guide to the Mythical World of Greeks and Romans
William Hansen
(Oxford University Press, 2005)

Classical Mythology: A Very Short Introduction
Helen Morales
(Oxford University Press, 2007)

Classical Mythology in English Literature: A Critical Anthology
Geoffrey Miles (ed.)
(Routledge, 1999)

Diccionario de mitología griega y romana
Pierre Grimal
(Ediciones Paidós Ibérica, S. A., 2009)

Dionysus
Richard Seaford
(Routledge, 2006)

Los dioses de la antigüedad en la Edad Media y el Renacimiento
Jean Seznec
(Taurus Ediciones, 1987)

El gran libro de la mitología griega: basado en el manual de mitología griega de H. J. Rose
Robin Hard
(La Esfera de los Libros, S. L., 2010)

Greek Mythology, An Introduction
Fritz Graf, traducción de Thomas Marier
(Johns Hopkins University Press, 1993)

A Handbook of Greek Mythology
Herbert J. Rose
(Methuen, primera edición: 1928; sexta edición: 1958)

Heracles
Emma Stafford
(Routledge, 2011)

Medea
Emma Griffiths
(Routledge, 2006)

The Meridian Handbook of Classical Mythology
(originalmente *Crowell's Handbook of Classical Mythology* [Crowell, 1970])
Edward Tripp
(Meridian, 1974)

The Mirror of the Gods: How Renaissance Artists Rediscovered the Pagan Gods
Malcolm Bull
(Oxford University Press, 2005)

Mitología del mundo
Roy Willis
(Blume, 2011)

The Modern Construction of Myth
Andrew von Hendy
(Indiana University Press, 2002)

Myth: Critical Concepts in Literary and Cultural Studies (4 volúmenes)
Robert A. Segal (ed.)
(Routledge, 2007)

Myth: A Very Short Introduction
Robert A. Segal
(Oxford University Press, 2004)

Myths of the Greeks and Romans
(edición revisada)
Michael Grant
(Penguin, 1995)

The Myths of Rome
Timothy P. Wiseman
(University of Exeter Press, 2004)

The Nature of Greek Myths
Geoffrey S. Kirk
(Penguin, 1974)

Oedipus
Lowell Edmunds
(Routledge, 2006)

Perseus
Daniel Ogden
(Routledge, 2008)

BIBLIOGRAFÍA

Prometheus
Carol Dougherty
(Routledge, 2006)

The Rise of Modern Mythology 1680-1860
Burton Feldman y Robert D. Richardson
(Indiana University Press, 1972)

Roman Myths
Michael Grant
(Penguin, 1973)

A Short Introduction to Classical Myth
Barry B. Powell
(Prentice Hall, 2002)

Todos los dioses de Grecia
Richard Buxton
(Oberon, 2004)

The Uses of Greek Mythology
Ken Dowden
(Routledge, 1992)

Zeus
Ken Dowden
(Routledge, 2006)

PÁGINAS WEB Y COLECCIONES EN BIBLIOTECAS

Colección de Ovidio en la Universidad de Virginia.
http://etext.lib.virginia.edu/latin/ovid/

The Bryn Mawr Classical Review en http://
ccat.sas-upenn.edu/bmcr/arch.html
Richard Hamilton y James J. O'Donnell (eds.)
Un archivo de publicaciones recientes
referentes al mundo clásico. La revista
de referencia líder en estudios clásicos.

*Lexicon Iconographicum Mythologiae
Classicae (LIMC)* (Zúrich, 1981-1999).
Una gran compilación de las diferentes
representaciones de cada mito, con comentarios
de especialistas en diferentes idiomas, pero
fundamentalmente en inglés. La fuente
de consulta imprescindible para el estudio de los
mitos y el arte en el mundo antiguo, de enorme
valor pero disponible tan solo en bibliotecas
de investigación/documentación.

The Perseus Project, editado por Gregory
R. Crane *et al.*, incluye miles de links a
textos, obras de arte, mapas, glosarios y
terminología, así como otros materiales para
comprender la mitología y el mundo clásico.
http://www.perseus.tufts.edu

*Theoi Greek Mythology: Exploring Mythology
in Classical Literature and Art.*
http://www.theoi.com/

NOTAS SOBRE LOS COLABORADORES

Viv Croot es una escritora que posee un interés especial en popularizar los temas de los especialistas. Su fascinación por la literatura de la Grecia clásica se centra sobre todo en la *Ilíada* y la *Odisea,* y su influencia en la tradición literaria occidental. Es coautora de *Troy: Homer's Iliad Retold* (Barnes & Noble, 2004).

Susan Deacy es profesora de Historia y Literatura de Grecia en la Roehampton University, Londres. Su obra sobre Atenea ha llevado a explorar el amplio rango de personajes con quienes se vinculó esta figura religiosa tan versátil de la Antigüedad. Es editora de la colección «Gods and Heroes of the Ancient World» (Dioses y héroes del mundo antiguo), de Routledge, y autora de otros libros como *A Traitor to her Sex? Athena the Trickster* (Oxford University Press).

Emma Griffiths es profesora de Lengua Griega en la Universidad de Mánchester. Ha publicado varias obras sobre numerosos aspectos de la mitología y el teatro griegos, y en la actualidad trabaja en un libro sobre niños en la tragedia griega.

William Hansen es profesor emérito de Estudios Clásicos y Folclore, y con anterioridad fue codirector del programa de Estudios Mitológicos, en la Indiana University, Bloomington. Entre sus libros figuran *Anthology of Ancient Greek Popular Literature* (Indiana University Press, 1998), *Ariadne's Thread: A Guide to International Tales Found in Classical Literature* (Cornell University Press, 2002) y *Classical Mythology: A Guide to the Mythical World of the Greeks and Romans* (Oxford University Press, 2005).

Geoffrey Miles es profesor de Lengua Inglesa en la Victoria University de Wellington, Nueva Zelanda, y muestra un interés especial en las transformaciones del mundo clásico y el mito clásico en la literatura inglesa. Es editor de *Classical Mythology in English Literature* (1999) y coautor de *The Snake-Haired Muse* (2011), un estudio sobre la utilización del mito por parte del poeta neozelandés James K. Baxter.

Barry B. Powell es profesor emérito en Bascom Hall, en la University of Wisconsin-Madison. Ha publicado *Classical Myth* (Prentice Hall, 2011), *Writing: Theory and History of the Technology of Civilization* (Wiley/Blackwell, 2009) y *Homer and the Origin of the Greek Alphabet* (Cambridge University Press, 1991). Es coautor, con Ian Morris, de *A New Companion to Homer* (Brill, 1997) y *The Greeks: History, Culture and Society* (Prentice Hall, 2009).

Robert A. Segal es catedrático de Estudios Religiosos del siglo vi en la Universidad de Aberdeen, Escocia. Es toda una autoridad en mitología y autor de *Myth: A Very Short Introduction* (Oxford University Press, 2004) y *Theorizing about Myth* (University of Massachusetts Press, 1999). También es editor de la colección «Theorists of Myth» (Teóricos del mito), de Routledge.

ÍNDICE

AGRADECIMIENTOS

CRÉDITOS DE LAS ILUSTRACIONES
El editor desea dar las gracias a las siguientes personas
y organizaciones por su amable permiso para reproducir
las imágenes que aparecen en este libro. Se han llevado
a cabo todos los esfuerzos posibles por mencionar a los
propietarios de los derechos de reproducción. Lamentamos
cualquier posible omisión.

Ian W. Scott: 20.